Jürgen Scheibler

Liebe, Arbeit, Gottvertrauen

Dieses Buch ist meiner Großmutter Liesbeth Jakob gewidmet.
Das Schicksal bescherte ihr kein einfaches Leben. Freudige Ereignisse
und Momente des Glücks wechselten mit harten Schicksalsschlägen.
Das Glück und die Zukunft der Kinder und Enkelkinder lagen ihr
mehr am Herzen als die Erfüllung der eigenen Wünsche und Träume.

Jürgen Scheibler

Liebe, Arbeit, Gottvertrauen

Die Familiengeschichte von Liesbeth und Johann Jakob

1906–1979

Ein großes Dankeschön an alle, die in vielen Stunden des Erzählens die Zeit von 1930 bis 1979 noch einmal lebendig werden ließen.

Sehr dankbar bin ich meiner Cousine Anke, die Text und Bilder so wunderbar gestaltet und zusammengefügt hat.

Vielen Dank an meine Frau Ines, die den Inhalt kritisch geprüft und mit wertvollen Anregungen zum Gelingen beigetragen hat.

2. Auflage
© 2024 Jürgen Scheibler
Fotos: Privatbesitz der Familie Jakob
Gestaltung: Anke Jakob
Lektorat: Almut Menzel
Herstellung und Verlag: BoD - Books on Demand, Norderstedt
Printed in Germany
ISBN 978-3-751-91755-1
www.bod.de

Vorwort

Ich erinnere mich immer gern an die jährlichen Ferienspiele bei Großmutter Liesbeth. Sommerferien ohne den Spaß und die Abenteuer in Omas Häuschen und Garten in Wittgendorf waren für uns nicht vorstellbar. Gemeinsam mit meinem Bruder und den beiden Cousinen aus Oberseifersdorf verbrachten wir wunderbare Tage eines unbeschwerten Kinderlebens. Sicher gab es auch bei Oma Regeln und Grenzen. Aber die waren weit gesteckt und ließen unserer Fantasie viel Raum.

Bei Oma war vieles anders als zu Hause. Wir hatten als Kinder jedes Mal Angst, wenn sie mit dem großen Messer eine Scheibe Brot abschnitt und dabei das Brot direkt vor den Bauch hielt. Eine elektrische Brotmaschine brauchte sie nicht. Noch nie hatten wir jemanden einen Apfel so schälen gesehen, dass am Ende ein langes ringförmiges Band als Schale übrigblieb. Erst dann wurde der Apfel zerschnitten und jeder bekam sein Stück.

Unser Lieblingsessen waren Hefeklöße. Niemand konnte sie besser machen als Oma. Wir veranstalteten regelrechte Wettessen, wer von uns wohl die meisten Klöße schaffte.

In der Zeit unserer Kindheit war Oma noch jeden Tag arbeiten. In der Landwirtschaft begann der Tag sehr früh. Als wir aufstanden, war sie längst aus dem Haus. Das Frühstück stand auf dem Tisch und sorgte so manches Mal für einen lustigen Tagesbeginn.

Viel Zeit verbrachten wir am oder im Dorfbach gleich hinter dem Haus. Wir standen mit den nackten Füßen im Wasser, bauten Staudämme mit kleinen und großen Steinen oder beobachteten Fische, Kaulquappen und Blutegel. Einmal machten wir zwei winzig kleine Frösche zu Haustieren auf Zeit, gaben ihnen Namen und bauten eine Unterkunft, in der sie die Nacht verbringen mussten. Am Ende der Ferien entließen wir die Frösche wieder in die Freiheit.

Auf der anderen Bachseite lud eine etwa zwei Meter hohe Böschung mit Bäumen zum Klettern ein. Ein Absturz in das kalte Wasser war wohl unvermeidlich. Für Oma war das aber kein Problem. Die nassen Sachen wurden kurzerhand gegen eine alte Trainingshose und eine Jacke, wohl noch von Onkel Horst, ausgetauscht.

Oma hatte immer eine Lösung und unendlich viel Geduld. An den Abenden versuchte sie, uns Handarbeiten wie Stricken und Häkeln beizubringen. Sie spielte gern Rommé in der großen Runde, und überhaupt fühlte sich unsere Oma immer dann am wohlsten, wenn viele ihrer Lieben da waren.

Immer wieder erzählte sie uns von Opa. Wie stolz er wäre, wenn er uns so sehen könnte. Er liebte Kinder, wenn sie spielten, lachten, aber auch neugierig und wissbegierig waren. „Euer Opa mochte die Musik und das Tanzen", sagte sie immer wieder zu uns. Heute weiß ich, dass Oma sehr oft an ihren Mann gedacht hat, wohl ein Leben lang.

Wir schliefen alle zusammen in der großen Schlafkammer. Rechts an der Wand stand das Ehebett und auf der anderen Seite ein Einzelbett. Wenn wir vier Kinder zu Besuch waren, musste Oma in die Wohnstube ausziehen, was sie aber vermutlich gern tat, und wir hatten die Schlafkammer für uns. Einfach traumhaft. Manchmal gab es ein paar Tränen bei demjenigen, der im Einzelbett schlafen musste. Aber das hatte ja schließlich das Los entschieden.

Wenn wir nur zu zweit in den Ferien waren, schliefen wir mit Oma zusammen in der Kammer. Für sie war es selbstverständlich, dass sie vor dem Einschlafen ein Gebet sprach. Sie dankte Gott dafür, dass er seine schützende Hand tagtäglich über sie und uns alle hielt. Meine Cousine Petra konnte sich noch gut an die Worte eines einfachen Gebets erinnern:

„Ich bin klein, mein Herz ist rein,

soll niemand drin wohnen, als Jesus allein."

Oma hatte es gern, wenn wir mit ihr gemeinsam vor dem Schlafen beteten. Es hat uns nicht geschadet.

Das ganz besondere Erlebnis gab es immer dann, wenn die Betten für die Übernachtung der großen Familie nicht ausreichten. Noch heute höre ich Oma dann sagen, „Gut, dann machen wir eben ein Lager." Für uns Kinder klang das unheimlich spannend und das war es dann auch. Das Lager bestand aus mehreren, nebeneinander auf dem Fußboden in der Schlafkammer ausgelegten Matratzen. Darüber kam ein Laken, dazu ein Sofakissen und eine Decke zum Zudecken. Die Schlafplätze auf dem Lager waren immer heiß begehrt.

Richtig voll wurde das Haus, wenn auch die anderen Enkelkinder mit ihren Eltern zu Besuch kamen. Bei Hochzeiten oder runden Geburtstagen traf sich die große Familie in Wittgendorf. Durch die weiten Entfernungen bis Berlin, Velbert und Röllinghausen sah ich meine anderen Cousinen und Cousins eher selten. Aber wenn sie gebraucht wurden, waren sie zur Stelle.

In einem Sommer waren auch mein Cousin Andreas mit seiner Schwester und den Eltern bei der Oma. Es war ein heißer Tag ohne eine Wolke am Himmel. Wir Kinder gingen ins nahe gelegene Schwimmbad ins Oberdorf. Die Älteren hatten wohl die Aufsicht über die Kleineren. Ich konnte zu diesem Zeitpunkt noch nicht richtig schwimmen. Wahrscheinlich wollte ich es den anderen aber trotzdem beweisen. Es wäre beinahe schiefgegangen. Im tiefen Becken fand ich plötzlich keinen Grund mehr unter den Füßen und geriet in Panik. Andreas bemerkte es glücklicherweise als Erster, sprang sofort ins Wasser und rettete an diesem Tag vielleicht mein Leben. War das vielleicht so ein Ereignis, das man gemeinhin als Schicksal bezeichnet?

Wittgendorf, August 1969

Im Südosten von Sachsen, sechs Kilometer von der Kreisstadt Zittau entfernt, liegt der kleine Ort Wittgendorf. Wie viele Dörfer in der Oberlausitz ist Wittgendorf ein typisches Waldhufendorf. Die Häuser folgen in Ost-West-Richtung in Schlangenlinie dem natürlichen Lauf des Dorfbaches, der wenige Kilometer weiter in die Neiße fließt.

Der Sommer des Jahres 1969 verwöhnte die Menschen. Es war heiß. Schon mehrere Tage nacheinander stiegen die Temperaturen über dreißig Grad und jeder, der nicht unbedingt im Freien arbeiten musste, suchte sich einen Platz im Schatten. Für die Frauen in der Landwirtschaft war dies nicht so einfach. Die Ernte lief auf vollen Touren, auf den Feldern herrschte Hochbetrieb.

Eine dieser Frauen war Liesbeth Jakob. Seit vielen Jahren schon arbeitete sie in der Landwirtschaftlichen Produktionsgenossenschaft. Sie wohnte seit nunmehr vierundzwanzig Jahren in Wittgendorf.

Zusammen mit vielen anderen Deutschen musste sie am 22. Juni 1945 mit ihrer Mutter Hulda und den sieben Kindern den Heimatort Seitendorf verlassen. Seitendorf lag nur wenige Kilometer entfernt östlich der Neiße. Nach dem Ende des zweiten Weltkrieges wurde dieser Fluss zur Ostgrenze Deutschlands erklärt. Die Polen als neue Besitzer der Ostgebiete duldeten, bis auf wenige Ausnahmen, keine Deutschen mehr auf ihrem Land.

Am 26. August 1969 ging Liesbeth nach der Arbeit auf dem Feld nicht direkt nach Hause. Sie wollte die Gelegenheit nutzen und im Dorfkonsum ein paar Sachen einkaufen. Sie schaute sich gerade in den Regalen um, als ihre Nachbarin Marie Rönsch den Laden betrat. Als Marie Liesbeth mit dem vollen Korb sah, fiel ihr der bevorstehende Geburtstag wieder ein. In zwei Tagen würde Liesl, wie die Nachbarin sie liebevoll nannte, sechzig Jahre alt werden. Oft hatten beide in den vergangenen Wochen über diesen besonderen Tag, die Vorbereitung der

Feier und die Freude des Wiedersehens mit allen Kindern und den inzwischen zahlreichen Enkeln gesprochen. Bis zuletzt war ungewiss, ob Traudel und Werner ein Visum für den Geburtstag ihrer Mutter erhalten würden. Beide Kinder lebten mit ihren Familien im anderen Teil Deutschlands.

Nach der Begrüßung erfuhr Marie, dass am Wochenende doch alle kommen würden. Sie wusste, dass es für ihre Nachbarin nichts Schöneres gab, als dass ihre große Familie zusammen in der Stube saß und alle ihren Spaß und ihre Freude hatten. Die viele Arbeit störte sie nicht. Das war Liesbeth nach all den Jahren gewohnt. Nur gut, dachte Marie, dass die Jakobs jetzt ein eigenes Haus mit einer großen Wohnstube und einem Garten haben.

Seit nunmehr vier Jahren wohnte Liesbeth mit dem jüngsten Sohn Horst in dem Einfamilienhaus in der Dorfstraße 119. Nach dem Tod von Pauline Menschel im Jahr 1964 ergab sich die günstige Gelegenheit, das Haus, das sich im Erbe der Familie Menschel befand, zu kaufen.

Bis zu diesem Zeitpunkt wohnten die Jakobs auf dem Bauernhof der Schnitters. Da die Wohnverhältnisse dort durch die größer werdenden Familien der Kinder von Gertrud und Herbert Schnitter immer schwieriger wurden, kaufte Liesbeth das alte Haus an der Dorfstraße. Es war nur ein paar hundert Meter entfernt, was den Umzug erleichterte. In mehreren Etappen wurden die persönlichen Sachen und die alten, aber immer noch in gutem Zustand befindlichen Möbelstücke, den Berg hinuntergetragen.

Das Grundstück hatte von oben betrachtet die Form eines Keiles. Es war auf der Vorderseite von der Dorfstraße und auf der Rückseite vom Bachlauf begrenzt. Etwa in der Mitte stand parallel zur Straße das schmale Haus mit der Haustür direkt auf die Straße.

Es war in dieser Zeit der Wohnungsknappheit durchaus üblich, dass die Häuser von mehreren Familien und alleinstehenden älteren

Menschen bewohnt waren. Als Liesbeth mit ihren zwei jüngsten Kindern, Helmut und Horst, im April 1965 in das Haus einzog, wohnten in einem kleinen Zimmer im Erdgeschoss eine ältere, alleinstehende Frau und in je einem Zimmer im Erdgeschoss und im Obergeschoss eine andere Familie. Für die Jakobs blieb vorerst das große Zimmer auf der Ostseite, das als Wohnstube, Küche und Bad genutzt wurde. Im Obergeschoss richtete sich Liesbeth ihre Schlafkammer ein und auch Horst bekam ein eigenes Zimmer. Helmut blieb bei den Schnitters wohnen und zog erst im Herbst 1965 in das kleine Zimmer auf der Bachseite, als Frieda Mittag in ein Altersheim umgezogen war.

Zwei Jahre später hatte auch die andere Familie eine größere Wohnung gefunden. Helmut war inzwischen verheiratet und ebenfalls ausgezogen. Es konnten neue Pläne über die Aufteilung der Zimmer und den Ausbau des Hauses gemacht werden. Bis auf Horst hatten alle anderen Kinder von Liesbeth und Johann Jakob ihre eigenen Familien gegründet und wohnten in Mietwohnungen oder Einfamilienhäusern. So fiel die Entscheidung nicht schwer, dass Horst mit seiner künftigen Familie bei der Mutter wohnen bleiben und später das Haus übernehmen sollte.

Der sechzigste Geburtstag von Liesbeth Jakob am 28. August 1969 fiel auf einen Donnerstag. Ein ganz normaler Arbeitstag in der Erntezeit. Nach der Arbeit kamen die Kolleginnen, Freunde und Nachbarn zum Gratulieren. Es gab Kaffee und selbst gebackenen Kuchen. Es war eine fröhliche Runde, in der es viel zu erzählen gab, von alten und neuen Zeiten.

Am Wochenende aber war Familienzeit. Alle sieben Kinder kamen mit ihren Familien zum Geburtstag. Mit sechzig Jahren konnte in der damaligen Deutschen Demokratischen Republik eigentlich das verdiente Rentnerleben beginnen, aber Liesbeth verschwendete keinen Gedanken daran. Sie brauchte die Arbeit in der Landwirtschaft als Lebensinhalt und wollte weiterarbeiten, solange es eben ging.

Liesbeth konnte es kaum erwarten, ihre ganze Familie beisammen zu haben. Der große Tisch in der Stube reichte nicht aus. Für die Enkelkinder wurde ein eigener Tisch quer zum langen Tisch der Erwachsenen gestellt. In der glücklicherweise großen Stube saßen ihre sieben Kinder, die Schwiegerkinder und dreizehn Enkelkinder. Der Kuchen, den Liesbeth in der Bäckerei Oehme im Ort hatte backen lassen, schmeckte wie immer lecker und der Gesprächsstoff ging bei diesem Geburtstagsfest nicht aus. Das eigene Familienleben und die teilweise großen Entfernungen ließen nicht viele Treffen aller Geschwister im Jahr zu.

Für die Enkelkinder war das schöne Sommerwetter an diesem Tag verlockend, um der überfüllten Stube zu entkommen. Es gab nichts Aufregenderes und Interessanteres als hinter dem Haus im Bach zu spielen oder auf der anderen Bachseite Omas Garten und den kleinen Wald zu erkunden.

Es waren nur die Zeiten des gemeinsamen Essens, zu denen im Haus ein wenig Ruhe einkehrte und Liesbeth den Blick über die vielen Köpfe schweifen lassen konnte. In diesen kurzen Momenten gönnte sie sich selbst auch ein paar Minuten der inneren Ruhe. Unwillkürlich drehte sich in ihren Gedanken das Rad der Zeit zurück.

Was hatte sie nicht alles erlebt in den sechzig Jahren. Da waren die glücklichen Jahre in Seitendorf mit ihrem Mann Johann. Sie schenkte sieben gesunden Kindern das Leben und freute sich über jeden Tag des Heranwachsens.

Aber das Leben verschonte sie nicht mit seinen dunklen Seiten. Trauer und Schmerz begleiteten sie jahrelang in der zunehmenden Gewissheit, dass ihr geliebter Mann nicht aus dem Krieg heimkommen würde. Die ungerechte Vertreibung aus der Heimat und der Neubeginn mit leeren Händen waren große Herausforderungen, die sie mit tiefer Liebe, viel Arbeit und unerschütterlichem Gottvertrauen Tag für Tag bewältigte.

Die Kinder von Liesbeth und Johann Jakob
Kurzdarstellung

Das erste Kind der Jakobs, welches am 26. November 1930 in Seitendorf geboren wurde, war Gertraud, die später nur Traudel genannt wurde. Nach der Vertreibung im Juni 1945 ging sie mit ihren vierzehn Jahren und gerade abgeschlossener Schulausbildung im Herbst 1945 zurück nach Seitendorf, das inzwischen unter polnischer Verwaltung stand, und arbeitete dort auf einem Bauernhof. Nicht alle Deutschen mussten im Juni den Ort verlassen, insbesondere Handwerker und Bauern wurden noch eine Zeit lang gebraucht. Traudel kümmerte sich hauptsächlich um die Kinder einer polnischen Bauernfamilie.

Im Juni 1946 mussten dann bis auf wenige Ausnahmen alle Deutschen Seitendorf verlassen. Der Befehl kam so überraschend, dass Traudel nicht mehr über die Neiße zurück zur Mutter und zu den Geschwistern gehen konnte. Sie wurde mit vielen anderen gezwungen, zu Fuß nach Görlitz zu laufen. Unter katastrophalen Bedingungen verbrachte sie mehrere Tage in einem Lager, von wo es erst einmal nach Osten in Richtung Breslau ging. Nach Tagen der Ratlosigkeit seitens der polnischen Behörden begann der erlösende Transport mit dem Zug in den Westen von Deutschland.

Die anstrengende Reise endete für Traudel im Sauerland. Ohne einen Pfennig Geld und ohne ein Dach über dem Kopf, begann ein neues Leben weit entfernt von den Verwandten in der Oberlausitz. Das Arbeitsamt vermittelte ihr eine Stellung in der Landwirtschaft, wo sie die folgenden drei Jahre arbeitete.

Emma Geißler, die Stiefschwester von Traudels Vater, wohnte mit ihrem Mann seit Kriegsende in Alfeld, einer Kleinstadt in Niedersachsen. In einem Brief teilte ihr die Mutter die Adresse mit und Traudel beschloss, Onkel und Tante einen Besuch abzustatten. Tante Emma half ihr bei der Suche nach einer neuen Arbeit. 1949 zog Traudel nach Alfeld und lernte dort einen fröhlichen und aufgeweckten Jungen aus einem Nachbarort kennen. Im Oktober 1953 wurde Hochzeit gefeiert.

Der erste Sohn der Jakobs wurde am 2. Mai 1932 geboren. Günter, in Seitendorf eingeschult, musste sein letztes Schuljahr in Wittgendorf hinter sich bringen und ging dann für ein Jahr beim Bauer Schönfelder als Helfer in die Landwirtschaft. Auf Mutters Wunsch und seinem eigenen Interesse für das Handwerk des Vaters folgend, begann er eine Lehre bei einem Korbmacher in Strahwalde. In den schwierigen Zeiten nach dem Krieg, als der Kampf um Lebensmittel besonders im Winter zur Existenzfrage überhaupt wurde, war Günter mehr auf den Feldern als in der Korbmacherei zu finden. Er brach die Lehre ab und verdiente sich ein wenig Geld als ungelernter Arbeiter in den Textilwerken in Zittau. Aber auch dort ließ ihn die Landwirtschaft nicht los. Auf den Feldern fehlte es an Traktoristen. Günter folgte einem Aufruf zur Ausbildung und ging 1954 als Traktorist nach Altlandsberg bei Strausberg. Dort heiratete er eine echte Berlinerin.

Die zweite Tochter Ruth, am 4. November 1934 geboren, ging im Jahr 1949 aus der Schule. Wie ihr Bruder Günter arbeitete sie für ein Jahr in der Landwirtschaft auf dem Bauernhof Zücker. Danach folgte eine Ausbildung zur Blumenbinderin in Zittau, wo sie in den folgenden Jahren auch eine Anstellung bekam. Als junges Mädchen lernte sie einen Mann aus dem Nachbardorf Oberseifersdorf kennen und im Jahr 1957 wurde geheiratet. Auf der Suche nach einer eigenen Wohnung mussten die beiden nicht weit gehen. Ganz in der Nähe des Bauernhofes Schnitter, wo die Jakobs nach der Vertreibung aus Seitendorf untergekommen waren, wohnte Pauline Menschel in einem kleinen Haus direkt an der Dorfstraße. Ruth zog mit ihrem Mann in zwei

Zimmer, einer kleinen Wohnküche, gleich rechts neben der Eingangstür, und einer etwas größeren Schlafstube im Obergeschoss. (Zu dieser Zeit ahnte noch keiner der Jakobs, dass sieben Jahre später ihre Mutter dieses Haus kaufen würde.) Als für die Gastwirtschaft ‚Zur Linde' in Oberseifersdorf, die einem Onkel von Ruths Mann gehörte, ein Nachfolger gesucht wurde, zog die junge Familie 1964 in das Nachbardorf und übernahm ein Jahr später die Wirtschaft, die über mehrere Jahrzehnte das Dorfleben mitprägte.

Das Gleichgewicht zwischen Jungen und Mädchen war am 21. November 1935 wiederhergestellt, als Werner das Quartett der Kinder vervollständigte. Er entschied sich für den Beruf eines Textilfacharbeiters und trat damit in die Fußstapfen seiner Mutter und Großmutter. Einige Jahre arbeitete er zusammen mit seinem Bruder Günter in den Textilwerken Zittau, später wechselte er in den Fahrzeugbau zur Firma Robur.

Für die meisten Bekannten, ja selbst für seine Familie völlig überraschend, fasste Werner im Sommer 1955 den Entschluss die Oberlausitz zu verlassen. Zusammen mit einigen Freunden aus Wittgendorf wollte er sich im siebenhundert Kilometer entfernten Velbert im Bergischen Land sein eigenes Leben aufbauen. Da es seit 1949 im Ergebnis des zweiten Weltkrieges zwei deutsche Staaten gab, wechselte er damit auch das Land. Wie seine Schwester Traudel lebte er in der Bundesrepublik Deutschland.

Im Gegensatz zu Traudel galt Werner in der Deutschen Demokratischen Republik als sogenannter Republikflüchtling. Eine Einreise zu Familienbesuchen in die DDR wurde bis zum Mauerbau 1961 nur selten erlaubt. Zur Beerdigung seiner Großmutter Hulda Kretschmer im Jahr 1957 hätte Werner eine Aufenthaltsgenehmigung von vierundzwanzig Stunden bekommen können. Bei der großen Entfernung von der innerdeutschen Grenze machte das keinen Sinn, und so fehlte er damals ebenso wie bei der Hochzeit seiner jüngeren Schwester Thea im Jahr 1959. Bis zur deutschen Wiedervereinigung und dem Fall der Mauer 1989 war der Kontakt zur Mutter und den Geschwistern dadurch zwar erschwert, aber nie abgebrochen. Werner heiratete 1959 in Velbert und gründete eine Familie.

In der Schule in Wittgendorf hatte sich der Direktor längst daran gewöhnt, dass aller zwei Jahre ein Kind der Jakobs auf dem Schulentlassungsbild zu finden war. Da machte auch der Jahrgang 1952 keine Ausnahme. Thea, die als fünftes Kind und dritte Tochter der Jakobs am 4. April 1938 geboren wurde, hielt stolz ihr Zeugnis in der Hand und wollte Herrenmaßschneiderin werden. Schneidermeister Pischel in Zittau stellte in diesem Jahr wieder einen Lehrling ein. Zusammen mit dem Sohn des Meisters erlernte Thea das Schneider-Einmaleins.

Nach der Lehre blieb sie bis 1959 in der Schneiderwerkstatt und hätte sicher noch einige Jahre dort gearbeitet, wäre da nicht aus Freundschaft Liebe geworden. Ein junger Mann aus dem Niederdorf in Wittgendorf beeindruckte Thea schon lange mit seinem tadellosen Auftreten, stets korrektem Aussehen und seinem Motorrad. Im Jahr 1959 heirateten die beiden. Im zwanzig Kilometer entfernten Hagenwerder wurde das Braunkohlekraftwerk durch ein weiteres Werk erweitert. Ähnlich wie in den zwanziger Jahren in Seitendorf eine Siedlung für die Arbeitskräfte des Kraftwerkes Hirschfelde entstand, wurden zu Beginn der sechziger Jahre Wohnungen für die künftigen Kraftwerker in Hagenwerder gebaut. Die Familie zog noch einmal um und tauschte 1961 die zu kleine Wohnung in Wittgendorf gegen eine größere in Hagenwerder.

Helmut wurde am 8. Januar 1941 als sechstes Kind im zweiten Jahr des Krieges geboren. Er hatte sich gerade an die Umgebung seines Elternhauses gewöhnt, da musste er als Vierjähriger mit der Mutter, der

Großmutter und seinen sechs Geschwistern Seitendorf für immer verlassen. Er wurde als erstes der Kinder in Wittgendorf eingeschult und begann nach der Schulzeit eine Lehre zum Werkzeugmacher in den Roburwerken in Zittau. Nach der Hochzeit zog Helmut mit seiner Frau nach Hartau.

Nach fast zehn Arbeitsjahren hatte er die Chance, ein Fernstudium an der Ingenieurschule in Görlitz zu beginnen. Mit viel Disziplin, großem persönlichen Einsatz in seiner Freizeit und dank der Unterstützung seiner Familie meisterte er die Anforderungen des Studiums und arbeitete danach als Ingenieur weiter in der Zittauer Firma.

Das letzte Kind von Liesbeth und Johann Jakob kam am 30. Juli 1943 in Seitendorf zur Welt. Für Horst sind die zwei Jahre im Heimatort seiner Eltern bis zur Vertreibung nicht mehr in Erinnerung. Sein Leben spielte sich bereits in Wittgendorf ab. Als seine Mutter im Jahr 1957 zum ersten Mal Großmutter wurde, ging Horst das letzte Jahr zur Schule. Er erlernte den Beruf eines Ofensetzers im Baukombinat Zittau und wohnte in den folgenden Jahren weiterhin bei der Mutter in Wittgendorf. Als sie 1965 das Haus in der Dorfstraße 119 kaufte, waren Horst und Helmut die beiden einzigen Kinder, welche mit ihr umzogen.

Horst blieb auch nach der Lehre in der Firma. Nach der Hochzeit im Jahr 1971 lebte er mit seiner Frau und den Kindern zusammen mit der Mutter in deren Haus, das er nach ihrem Tod im Jahr 1979 übernahm.

Eltern und Kinder von Johann und Liesbeth Jakob

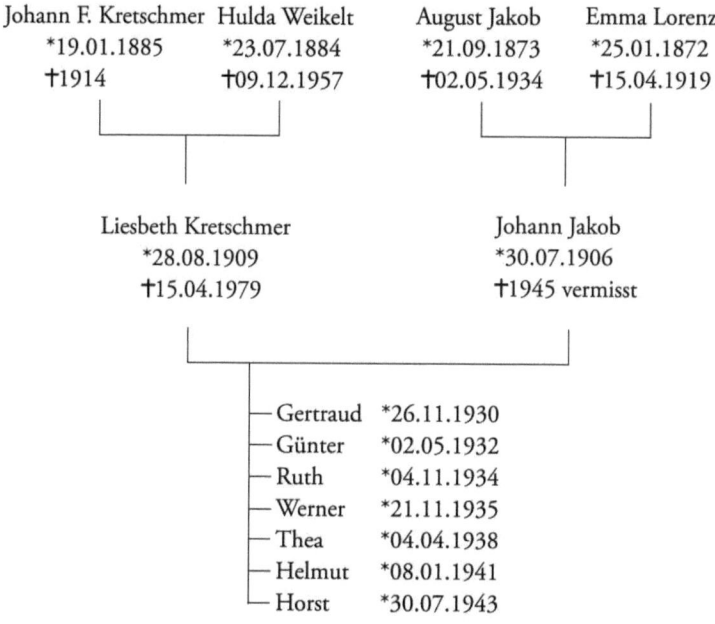

Johann F. Kretschmer Hulda Weikelt   August Jakob   Emma Lorenz
  *19.01.1885   *23.07.1884   *21.09.1873   *25.01.1872
  †1914   †09.12.1957   †02.05.1934   †15.04.1919

             Liesbeth Kretschmer   Johann Jakob
                *28.08.1909   *30.07.1906
                †15.04.1979   †1945 vermisst

                    — Gertraud *26.11.1930
                    — Günter   *02.05.1932
                    — Ruth   *04.11.1934
                    — Werner   *21.11.1935
                    — Thea   *04.04.1938
                    — Helmut   *08.01.1941
                    — Horst   *30.07.1943

Die Familie von Johann Jakob
Seitendorf

Seitendorf war eine der größten Gemeinden im Osten von Sachsen und lag nur wenige Kilometer östlich des Flusses Neiße. Aus mehreren Quellen im Isergebirge gespeist, fließt die Neiße durch die Städte Zittau und Görlitz nach Norden, bis sie von den Wassermassen der Oder nördlich von Guben förmlich geschluckt wird.

In Seitendorf, einem typischen Straßendorf, reihten sich die Häuser rechts und links der Dorfstraße aneinander. Abseits der Straße, meist etwas erhöht, fanden sich die Drei- und Vierseithöfe der Bauernfamilien, jeder Hof mit einer eigenen Zufahrt von der Dorfstraße. Schon seit ältester Zeit teilten sich das Kloster St. Marienthal und der Rat der Stadt Zittau den Ort, wobei dem Kloster der wesentlich größere Teil gehörte.

In der ersten Erwähnung 1303 wird Seitendorf noch als Sybotindorf bezeichnet. Bereits um 1400 setzte sich der Name Seitendorf durch. Das Kloster erwarb 1405 einen weiteren Teil des Ortes von der Familie von Dohna, die in Hirschfelde und Wittgendorf ansässig war. Mit dem Erwerb der Commende 1570 erhielt der Rat der Stadt Zittau auch deren Seitendorfer Besitz.

Bereits in frühester Zeit sollen in Seitendorf zwei kleine Kapellen, eine im Niederdorf und eine im Oberdorf zugleich für das eingepfarrte Dornhennersdorf, gestanden haben. Da der Ort durch die Hussiten 1427 fast vollständig zerstört wurde, baute man beim Wiederaufbau eine kleine Kirche in die Ortsmitte, auf dem Kirchberg. Von 1569 bis 1571 wurde ein Kirchturm angebaut, der im Jahr 1760 erneuert wurde. Er hatte eine stattliche Höhe von zweiundvierzig Metern. Da die alte Kirche zu klein geworden war, baute man von 1796 bis 1798 die jetzige Kirche, wobei der gerade erst fertiggestellte Kirchturm in den Neubau integriert wurde. Die Kosten übernahm zum großen Teil das Kloster.

Mit dem Grunderwerb im Jahre 1496 erhielt das Kloster St. Marienthal auch das Kirchenpatronat über Seitendorf. Daher konnte es in den Zeiten der Reformation seinen Einfluss geltend machen, so dass der klösterliche Anteil des Ortes im katholischen Glauben blieb. Im Zittauer Anteil hatten die Bewohner die Unterstützung des Zittauer Rates, so dass sie sich hier der neuen Lehre zuwandten. Ein Erlass von Kurfürst Friedrich August II. im Jahre 1744 gestattete den Protestanten, ihre geistlichen Handlungen durch einen evangelischen Pfarrer zumeist aus Türchau oder Hirschfelde durchführen zu lassen.

Die Aufhebung des Parochialzwanges im Jahre 1863 ebnete den Weg für die Gründung einer eigenen evangelischen Gemeinde in Seitendorf. Folgerichtig erhielt der Ort 1881 eine evangelische Kirche. Am ersten Januar 1913 vereinigten sich der Klösterliche Anteil und der Zittauer Anteil zur Gemeinde Seitendorf.[1]

1: Quelle: Böhmer; Wolff: Historischer Streifzug durch Ostritz und seine Dörfer

Das Elternhaus von Johann Jakob

August Jakob, der Vater von Johann, wurde am 21. September 1873 in Seitendorf geboren. Er verbrachte seine Kindheit und die Jugendjahre im erst zwei Jahre vor seiner Geburt gegründeten deutschen Kaiserreich. Von der Hauptstadt Berlin aus bekämpfte Reichskanzler Bismarck bis zu seiner Entlassung 1890 die immer stärker werdende Sozialdemokratie. Besonders großen Einfluss auf die Politik gewannen die Sozialdemokraten in Sachsen, wo 1885 bereits fünf Vertreter im Landtag in Dresden saßen. Von all diesen politischen Veränderungen war im ostsächsischen Seitendorf wenig zu spüren gewesen.

In der Umgebung von Zittau gab es große Mengen an Braunkohle, die seit 1860 in der Grube Hartau und wenig später auch in Türchau, einem Nachbarort von Seitendorf, abgebaut wurde. In unmittelbarer Nähe zur Grube entstand zu Beginn des neuen Jahrhunderts das erste Braunkohlekraftwerk der Gegend in Hirschfelde, das 1911 erstmals Strom in die Netze einspeiste. Der Aufschwung der Elektroindustrie, maßgeblich durch die deutschen Firmen Krupp und Siemens mitbestimmt, brachte den Menschen in Zittau und in den umliegenden Dörfern elektrisches Licht in die Stuben. Seitendorf war eines der ersten Dörfer, das vom Kraftwerk versorgt wurde.

August interessierte sich schon in jungen Jahren für die zahlreichen technischen Neuheiten, die seit den neunziger Jahren durch den allgemeinen industriellen Aufschwung zu bewundern waren oder von denen in den Zeitungen jener Zeit viel zu lesen war. Nach seinem Schulabschluss erlernte er wie sein Vater den Beruf eines Bergarbeiters in der Grube Türchau. Da er sich weniger für die harte Arbeit unter Tage begeistern konnte, sondern mehr für die Belange der Buchhaltung, bewarb er sich um eine Arbeit in der Verwaltung des Betriebes.

Auch wenn die Grube den Arbeitsmittelpunkt für die Ernährung seiner Familie darstellte, so lag ihm als gebürtigem Seitendorfer immer auch das Wohl der Gemeinde am Herzen. Bei vielen Gelegenheiten bot er seine Hilfe an, erledigte Schreibarbeiten für den Bürgermeister. Mit viel Einsatz und Geschick beherrschte er die langsam in Mode kommende mechanische Schreibmaschine, die den Federhalter in deutschen Amtsstuben ablöste.

Als dann in den zwanziger Jahren des neuen Jahrhunderts, in Seitendorf wie in vielen Orten in Deutschland, mit der Planung und dem Bau einer zentralen Wasserleitung begonnen wurde, konnte der Bürgermeister auf die Hilfe von August Jakob zählen. Er kannte fast jeden im Dorf, hörte sich die Probleme und Vorschläge der Bauern ebenso an wie die der kleinen Leute, deren Häuser auf den Grundstücken an der Dorfstraße und am Dorfbach standen. An vielen Abenden im Dorfkretscham wurde bei einem guten Zittauer Bier über die Trassenführung, die Anschlüsse und wahrscheinlich auch die Kosten diskutiert.

Emma Josefa Lorenz, die Mutter von Johann, wurde am 25. Januar 1872 in Königshain als Tochter einer Weberfamilie geboren. Nach der Heirat mit August Jakob zog sie zu ihrem Mann nach Seitendorf. Wie alle Frauen der damaligen Zeit kümmerte sie sich um die Wohnung, das Haus mit dem Garten und um ihren Mann. Das Wichtigste aber waren Kinder und deren Erziehung, stellten diese doch letztlich die Altersversorgung der Eltern und Großeltern dar.

Das erklärte Ziel der Bevölkerungspolitik des Kaiserreiches und auch später der Weimarer Republik war die kinderreiche Familie. Eltern und Kinder sollten dadurch nach Auffassung der Politiker gesünder sein und auch besser gebildet.

Es gab aber noch einen anderen Grund für die Forderung der Herrschenden nach kinderreichen Familien. Bei einem Rückgang der Bevölkerungszahl fürchtete man für kommende Generationen eine Vergreisung der Gesellschaft mit nicht absehbaren Folgen für Wirtschaft, Politik und öffentliches Leben. Besonders für die Altersversorgung wäre dies eine verhängnisvolle Entwicklung.

Wie viele Deutsche waren Emma und August Jakob bestrebt, nach der Hochzeit eine Familie zu gründen. Die Freude über die Geburt des ersten Sohnes sollte aber sechs Jahre auf sich warten lassen. Emma war bereits vierunddreißig Jahre alt, als am 30. Juli 1906 Johann Julius Jakob das Licht der Welt erblickte. Johann sollte das einzige gemeinsame Kind bleiben. Er erhielt als Einzelkind in seinen Kinder- und frühen Jugendjahren die ganze Fürsorge seiner Eltern und Großeltern. Johann besuchte bis 1920 die katholische Schule in Seitendorf.

Die Ereignisse des ersten Weltkrieges verursachten im ganzen Land schwierige Lebensbedingungen, insbesondere bei der Lebensmittelversorgung und im öffentlichen Leben. Obwohl seine Familie nicht direkt in den Krieg hineingezogen wurde, musste Johann wie alle seine Spielkameraden während der Schulzeit auf viele Sachen verzichten und sich mit einfachen Freuden zufriedengeben.

Was dadurch keineswegs beeinträchtigt wurde, war Johanns Neugier für technische Entwicklungen und Erfindungen und sein Interesse für handwerkliche Dinge. Sein Vater förderte diese Aufgeschlossenheit in ihm und erkannte auch die guten praktischen Fertigkeiten.

Ein Jahr nach Kriegsende hatte Deutschland noch schwer an den Folgen zu leiden. Als sich das Leben in Seitendorf langsam wieder normalisierte, musste Johann einen schweren Schicksalsschlag verkraften. Im April 1919 starb seine liebe Mutter, die für Johann in den dreizehn Lebensjahren eine wichtige Vertrauensperson gewesen war.

Nach dem Tod der Mutter wuchsen die Aufgaben, die Johann neben den Schularbeiten zu erledigen hatte. Wenn sein Vater spätabends von der Arbeit aus der Grube in Türchau nach Hause kam, hatte er seine Tagesaufgaben meist erfüllt. So musste er aus dem Brunnen im Garten das Wasser ins Haus holen und hatte in Küche und Garten für Ordnung zu sorgen. Immer wieder waren im Haus oder im Garten Kleinigkeiten zu reparieren. Durch seine handwerkliche

Begabung gelangen ihm viele Sachen zur Zufriedenheit seines Vaters, ganz im Gegenteil zu seinen schriftlichen Leistungen. Nicht über die Ergebnisse von mathematischen Aufgaben oder Aufsätzen in Deutsch war Vater August verärgert, sondern über die Form der Arbeiten und besonders über die schlechte Schrift seines jugendlichen Sohnes. Wahrscheinlich waren die Forderungen und der Maßstab, den August als Büroangestellter bei der Bewertung anlegte, ein wenig überzogen.

Für Johann aber war die Einschätzung seines Vaters zukunftsweisend, was den späteren Beruf betraf. „Mit so einer fürchterlichen Handschrift kann ich dich nicht mit ins Werk in die Verwaltung nehmen", sagte der Vater. „Du wirst einen Handwerksberuf lernen. Ich habe mit Korbmachermeister Hilger in Reichenau gesprochen. Er wird dich zum Lehrling nehmen."

Die Monate nach dem Tod der Mutter waren für Johann und seinen Vater sehr schwierig. Die Männer waren es gewohnt, dass, wenn sie nach der Arbeit und der Schule nach Hause kamen, die Wäsche gewaschen, das Essen gekocht und das Haus sauber war. Das plötzliche Fehlen der Hausfrau, der guten Seele des Hauses, wurde in den täglichen kleinen Dingen des Alltags am meisten spürbar.

In dieser schwierigen Zeit gab es viele Verwandte und Nachbarn, die ihre Hilfe anboten. Immer wieder schaute auch Hulda Kretschmer bei den Jakobs vorbei. Das Grundstück der Kretschmers lag nur wenige Meter in Richtung Oberdorf auf derselben Straßenseite.

Die Familie von Liesbeth Kretschmer
Dornhennersdorf

Der Ort erscheint erstmals im Jahr 1487 als Dörhennersdorf in den Geschichtsbüchern. Ein kleiner Teil des Ortes gehörte damals den Herren von Biberstein auf Friedland. Diesen später als Niederdornhennersdorf bezeichneten Teil kauften 1601 die Gebrüder von Schwanitz. Der größere Teil des Ortes war im Mittelalter im Besitz der Familie von Gersdorf und danach von Einsiedel auf Reibersdorf.

Seit Mitte des 17. Jahrhunderts waren beide Teile des Ortes wieder vereint. Nur in kirchlicher Hinsicht blieb die Trennung bestehen. Niederdornhennersdorf war nach Weigsdorf eingepfarrt. Die Oberdornhennersdorfer, obwohl überwiegend evangelisch, waren nach Seitendorf gewiesen. Ab Mitte des 18. Jahrhunderts gingen sie freiwillig und nach Aufhebung des Parochialzwanges 1837 auch offiziell nach Weigsdorf. Nur wenige Katholiken hielten sich weiter nach Seitendorf.

Bereits Ende des 17. Jahrhunderts hatte Dornhennersdorf eine eigene Schule, in die auch die Kinder aus dem benachbarten Oberweigsdorf gingen. Der Kretscham war neben der etwas abseits gelegenen Windschenke das einzige Wirtshaus. Südlich des Ortes, wo sich die Straßen von Seitendorf nach Friedland und von Dornhennersdorf nach Reichenau kreuzten, standen drei zu Niederdornhennersdorf gehörige Grundstücke: die Windschenke, die Windschmiede und die Windmühle.[2]

2: Quelle: Böhmer; Wolff: Im Zittauer Zipfel Historischer, Streifzug durch Reichenau und seine Umgebung

Das Elternhaus von Liesbeth Jakob

Während Königshain und der größte Teil von Seitendorf seit dem Mittelalter im Besitz des Klosters St. Marienthal waren, gehörten die Nachbarorte Dornhennersdorf und Weigsdorf viele Jahrhunderte zur Standesherrschaft Reibersdorf, wo sich der Einfluss der lutherischen Reformation durchgesetzt hatte.

Die Mehrzahl der Einwohner lebten im evangelischen Glauben. Auch die Weikelts in Weigsdorf gehörten der evangelischen Kirche an.

Gegen Ende des 19. Jahrhunderts spielte die Kirche im Leben der Menschen eine große Rolle. Der sonntägliche Besuch des Gottesdienstes gehörte ebenso selbstverständlich zum Alltag wie die kirchliche Erziehung der Kinder. Der Taufe in den ersten Lebensjahren folgten der Religionsunterricht beim Pfarrer und die Konfirmation. Dieses erste große Fest wurde von den Kindern sehnsüchtig erwartet und voller Stolz traten sie in die Welt der Erwachsenen ein. Dabei spielte es für die einfachen Menschen in den Dörfern kaum eine Rolle, ob der Freund oder Nachbar der gleichen Konfession angehörte oder nicht. Jede Familie lebte in der Tradition ihrer Vorfahren. Für die Jugend, die neben der harten Arbeit in der Landwirtschaft und in den Textilbetrieben auch Spaß und Freude am Leben haben wollte, stellten sich Fragen zu unterschiedlichen Religionen eher selten.

Natürlich gab es keine Vorschriften darüber, dass nur im eigenen Glauben geheiratet werden durfte. Dennoch sahen es die Geistlichen der katholischen Kirche nicht gern, wenn sich die katholisch erzogenen, jungen Burschen aus Königshain und Seitendorf für die Mädchen der evangelischen Nachbarorte interessierten.

Hulda Weikelt, die mittlere der drei Töchter vom Tischlermeister Weikelt, ging nach der Schule nach Reichenau, um als ungelernte Hilfskraft an den zahlreichen Webstühlen der Weberei Preibisch zu arbeiten. In der Zeit um die Jahrhundertwende und in den ersten Jahrzehnten danach war es für junge Frauen nicht ungewöhnlich, die Jahre bis zur Hochzeit und Gründung einer Familie zu arbeiten. Der größte Teil fand eine Stellung in der Landwirtschaft, aber auch die vielen Oberlausitzer Textilbetriebe brauchten billige Arbeitskräfte für einfache Arbeiten.

Reichenau war der größte Ort der Umgebung östlich von Zittau. An den Wochenenden war immer für Unterhaltung und Vergnügen gesorgt. Auf dem wöchentlichen Markt wurde mit allen Dingen gehandelt, die die Bauern, Handwerker und Weber in häuslicher Arbeit herstellten. In den Wirtshäusern wurde getrunken, getanzt, gelacht und so manche Reichsmark verspielt.

So lernte Hulda Weikelt eines Tages den sechs Monate jüngeren Johann Ferdinand Kretschmer aus Seitendorf kennen. Am 28. August 1909 wurde die Tochter Liesbeth im Elternhaus der Weikelts in Dornhennersdorf geboren. Sie sollte das einzige Kind bleiben. Geheiratet wurde aber erst ein Jahr später. Möglicherweise musste im Haus der Kretschmers in Seitendorf einiges umgebaut werden, um die junge Familie aufzunehmen. Es ist auch nicht auszuschließen, dass es Schwierigkeiten mit dem katholischen Pfarrer gab, der seinen Segen für diese Hochzeit nicht erteilen wollte. Der Zuzug von Menschen mit evangelischem Glauben nach Seitendorf war von der dominierenden katholischen Kirche und vom Kloster St. Marienthal als Besitzer eines Teils von Seitendorf nicht erwünscht. Man fürchtete, dass sich das kirchliche Kräfteverhältnis immer mehr zu Gunsten der Protestanten veränderte.

Nach der Hochzeit am 27. November 1910 in der evangelischen Kirche in Seitendorf zog Hulda mit Töchterchen Liesbeth in das Haus der Kretschmers in Seitendorf ein, in dem die Schwiegereltern lebten. Die glückliche Zeit, in der die kleine Liesbeth das Laufen lernte, die ersten Sätze sprechen konnte und die Welt mit ihren Kinderaugen erforschte, war mit Ausbruch des ersten Weltkrieges am ersten August 1914 plötzlich zu Ende. Die Kriegserklärung Deutschlands wurde in den ersten Wochen von der Bevölkerung mit Begeisterung aufgenommen. Die politischen Parteien waren sich einig, dass es sich um einen Verteidigungskrieg handelte und bewilligten Kriegskredite.

Liesbeths Vater Johann Franz Kretschmer wurde mit neunundzwanzig Jahren sofort zum Militär eingezogen und bekam den ersten Einsatzbefehl nach Frankreich. Den anfänglichen Erfolgen und dem problemlosen Durchmarsch durch Belgien folgte auf dem Weg nach Paris die erste große Schlacht gegen die Franzosen an der Marne. In den vom 5. bis 12. September andauernden Kämpfen wurde der Vormarsch der deutschen Truppen gestoppt. Aus einem Schützengraben an der Front, den Gegner direkt vor Augen, schrieb Johann eine Postkarte an seine Familie zu Hause in Deutschland. Er hatte nicht viel Zeit an diesem Tag, da ständig mit einem Angriff der Franzosen gerechnet werden musste. Er kündigte einen längeren Brief an, in dem er seine ersten Tage im Kriegseinsatz schildern wollte. Dieser Brief wurde nie geschrieben.

Der Vater der erst fünfjährigen Liesbeth starb im Jahr 1914 kurz nach Kriegsbeginn in einem Lazarett in Frankreich. Für Hulda war es ein furchtbarer Schock, hatte doch ihr friedliches und glückliches Leben gerade erst begonnen. Aber auch die Schwiegereltern im Haus konnten das harte Schicksal nicht begreifen. Sie hatten ihren Sohn verloren. Die starke Verbindung zur Kirche und ihr tiefer Glauben halfen ihnen in den folgenden Jahren weiterzuleben.

Die Lebensverhältnisse der Familie wurden nach Johanns Tod schwerer. In den Kriegsjahren und den Jahren danach war es ohnehin schwierig, die notwendigen Lebensmittel zu beschaffen. Da weder die Familie ihres Mannes noch ihre eigene aus der Landwirtschaft kamen, brauchte Hulda Geld, um die täglichen Dinge für sich und Liesbeth kaufen zu können. Sie entschloss sich deshalb, wieder in die Weberei nach Reichenau arbeiten zu gehen. Der Besitzer Herr Preibisch kannte Hulda noch aus der Zeit, als sie nach der Schule bereits viele Jahre dort gearbeitet hatte. Und er schätzte sie. Hulda war arbeitsam und konnte mit ihrer Erfahrung fast alle notwendigen Arbeiten an den Webstühlen leisten. Herr Preibisch wusste, dass er sich auf die junge Frau aus Seitendorf immer verlassen konnte. Jeden Tag kam sie die sechs Kilometer zu Fuß vom Nachbardorf nach Reichenau, um dann zwölf Stunden an den Webmaschinen zu stehen. Besonders im Winter bedurfte es großer Anstrengungen, den ungeschützten Feldweg über das Sandbüschel zu überwinden. Aber Hulda mochte die Arbeit. Sie blieb bis Anfang der dreißiger Jahre im Betrieb. In den vielen Jahren erarbeitete sie sich eine gute Stellung. Als Anerkennung für ihre Treue und ihre Aufopferung durfte Hulda für zwei Wochen zur Kur nach Bad Schandau ins Elbsandsteingebirge fahren. Für die damalige Zeit war dies eine besondere Geste der Werkleitung, die nur wenige Mitarbeiter erhielten.

Im Haus der Schwiegereltern lebte inzwischen noch ein kleiner Junge, Hans Gold, der von den Kretschmers als Pflegekind aufgenommen worden war. Hans wurde 1920 geboren und konnte von seiner leiblichen Mutter nicht großgezogen werden. Sie gab ihren Sohn in das Asyl in Ostritz, das dem katholischen Pfarramt unterstand. Die Geistlichen hofften immer auf gläubige und barmherzige Katholiken, die eines der vielen Kinder als Pflegekind in ihr eigenes Haus aufnahmen. Anna und Johann Kretschmer wollten als gläubige Christen auch im Alter von sechzig Jahren noch etwas Gutes tun in dieser schwierigen Zeit nach dem verlorenen Krieg. Eine sehr großherzige und selbstlose Tat war die Aufnahme des kleinen Hans, der dadurch wieder ein Elternhaus bekam. Vielleicht sahen die Großeltern von Liesbeth in Hans einen Ersatz für den schmerzlichen Verlust ihres Sohnes.

Seitendorf hatte in dieser Zeit eine ganz besondere Verbindung zum Kloster St. Marienthal, nicht nur weil große Teile des Dorfes in dessen Besitz waren. Die 1895 in Seitendorf geborene Mechthild Gutte legte 1914 das Gelübde ab und nahm den Namen Schwester Celsa an. Sie sah es als ihre Berufung an, im Kloster Gott zu dienen und den Menschen zu helfen. Vier Jahre später begann sie eine Ausbildung als Lehrerin und gab den Waisenkindern Unterricht im Lesen und Schreiben. Im Waisenhaus des Klosters wurden ausschließlich Mädchen untergebracht.

Die Verbindung zu Schwester Celsa hatte sicher eine Rolle gespielt, aber die Aufnahme von Hans Gold war nicht allein die Entscheidung der Schwiegereltern. Hulda wusste, dass bei der Erziehung eines Kleinkindes auch auf ihr viel Arbeit lasten würde. Sie dachte an Liesbeth, die als Einzelkind aufwachsen und ohne den Vater auf vieles verzichten musste.

So war der Einzug des kleinen Hans in das Haus ein großes Glück für alle. Von Anfang an gehörte er zur Familie. Er wuchs zu einem intelligenten und lebhaften Jungen heran. Liesbeth und Hans lebten als Geschwister, wenn auch der Altersunterschied mit elf Jahren recht groß war. Wenn Liesbeth aus der Schule kam, war ihr erster Blick in den Kinderwagen. Nach den Hausaufgaben machte sie so manche Spazierfahrt mit Hans, schaute bei den Freundinnen vorbei oder kaufte eine Semmel beim Bäcker im Oberdorf. Als sie die Schulzeit beendete, war Hans vier Jahre alt. Er spielte am liebsten im Garten. Kein Baum war vor ihm sicher und wenn es regnete, mussten alle Pfützen auf dem Weg auf deren Tiefe untersucht werden.

Für Liesbeth begannen keine leichten Jugendjahre, in denen der pfiffige Hans ein echter Lichtblick war. Jeden Tag lief ihre Mutter zur Arbeit in die Weberei und das Geld wurde täglich weniger wert. Ein Brot kostete 1923 zehn Millionen Reichsmark. Es herrschte Inflation in der Weimarer Republik. Erst mit der Durchsetzung einer Währungsreform und der Einführung der Rentenmark bereitete Reichskanzler Gustav Stresemann diesem Spuk ein Ende. Die wirtschaftliche Lage in Deutschland stabilisierte sich langsam und die Goldenen Zwanziger Jahre begannen.

Die Erinnerungen, die Liesbeth an diese Jahre hatte, waren alles andere als golden. Nach der Schule ging sie mit ihrer Mutter zusammen in die Weberei. Liesbeth arbeitete als ungelernte Hilfskraft manchmal bis zu zehn Stunden am Tag an den Webmaschinen. Eine Berufsausbildung wie für Jungen in ihrem Alter gab es nicht. Die Aufgabe der Mädchen war es, sich auf die Ehe und das Führen eines Haushalts und einer Familie vorzubereiten.

Zu Hause wurde die Liste der Arbeiten für Liesbeth immer länger. Da es im Ort noch keine Wasserleitung gab, musste das Wasser zum Kochen und Waschen vom Brunnen im Garten mit Eimern ins Haus geholt werden. Der kleine Garten trug im Sommer und im Herbst wesentlich zur Versorgung der Familie mit Obst und Gemüse bei. Eingelagerte Äpfel und Kartoffeln und eingekochte Beeren verhalfen im Winter zu willkommenen Abwechslungen auf dem einfachen Speiseplan.

Das wenige Geld, das Hulda und ihre Tochter in der Weberei verdienten, reichte gerade für das Nötigste zum Leben. Haus und Küche bewirtschafteten drei Frauen aus drei Generationen. Der Großvater kümmerte sich um die handwerklichen Arbeiten, die an dem über hundert Jahre alten Haus immer öfter notwendig wurden. Liesbeth half ihm beim Reparieren des Zaunes, beim Abdichten der Fenster oder beim Streichen der Türen. Bei ihrem Großvater Johann erlernte sie viele praktische Dinge, die sie in ihrem Leben noch oft gebrauchen sollte.

An den langen Winterabenden saßen die Frauen viele Stunden in der Wohnstube zusammen. Beim wärmenden Feuer des Küchenherdes diskutierten sie die aktuellen Ereignisse im Dorf, erzählten Geschichten und Erlebnisse aus vergangenen Zeiten und stellten sich vor, wie das Leben wohl aussähe, wenn Johann nicht in diesem sinnlosen Krieg hätte sterben müssen.

Die Abende wurden genutzt, um Hausarbeiten zu erledigen, für die am Tag keine Zeit geblieben war. Socken mussten gestopft, Hemden und Hosen geflickt und gebügelt werden. Um Geld zu sparen strickten Hulda und ihre Schwiegermutter Anna Socken, Jacken, Mützen und

Handschuhe selbst. Die Winter in den zwanziger Jahren waren teilweise sehr hart mit Temperaturen um minus zwanzig Grad. Der Schnee blieb manches Jahr mehrere Monate liegen. In den Schlafkammern gab es meist keinen Ofen, so das nur die selbst gestrickten Bettschuhe und der mit warmen Wasser gefüllte Bettwärmer unter dem Federbett für ein bisschen Wärme sorgten.

Begebenheiten aus dem Leben von Liesbeth Kretschmer und Johann Jakob

Die Korbmacherwerkstatt von Meister Hilger in Reichenau war in einem zweistöckigen Haus direkt an der Straße nach Hirschfelde untergebracht. Der massive Ziegelbau hatte im Dachgeschoss eine Mansarde, die die Familie als Wohnraum nutzte. Das Erdgeschoss gehörte der Korbmacherei und die zwei großen Verkaufsfenster, in denen die verschiedenen Korbwaren ausgestellt waren, zeigten direkt auf die Straße und luden zum Besuch ein. Hinter dem Haus führte der Bach entlang. Wasser war eine wichtige Grundlage für die Vorbereitung der Weiden zum Flechten. Im Garten standen zwei Schuppen, in denen die meist im Winter geernteten Weidenruten gelagert wurden.

Johann ging gern den täglichen Weg nach Reichenau. Die Korbmacherei als Handwerk machte ihm Spaß. Was man aus Weidenruten mit geschickter Flechtkunst alles herstellen konnte, war faszinierend. Auch wenn die Leute in der Landwirtschaft oder in Haus und Garten vor allem Körbe in verschiedenen Größen und Formen brauchten, lernte Johann ebenso die besonderen Kniffe und die erforderlichen Fertigkeiten, um Kinderwagen, Wäschekörbe und Korbmöbel für die Wohnstuben herstellen zu können. Der Meister und viele seiner Arbeitskollegen waren ältere, erfahrene Korbmacher, die ihr Wissen gern an den ebenso jungen wie neugierigen fünfzehnjährigen Johann weitergaben. Im letzten Lehrjahr war der Lehrling ein gleichwertiger Angestellter des kleinen Handwerksbetriebes, dessen Produkte bedenkenlos verkauft werden konnten.

Wahrscheinlich hätte ihn Meister Hilger gern noch ein paar Jahre behalten, aber Johann wollte mehr lernen, noch mehr Erfahrungen sammeln. In der Korbmacherzeitung wurde von immer neuen Familienbetrieben berichtet, die in Pommern, in der Eifel oder im Schwarzwald gegründet wurden. Die Produkte waren längst nicht mehr nur die klassischen Körbe. Neue Flechttechniken wurden entwickelt.

Meister Hilger hatte schon länger erkannt, dass Johann das Wissen und den Ehrgeiz für eine eigene Werkstatt hatte. Eines Tages im Jahr 1924, als es in Deutschland ein Jahr nach dem Inflationsjahr wirtschaftlich langsam wieder bergauf ging, sagte er zu Johann, „Weißt du was, mein Junge, deine Neugier und dein handwerkliches Geschick solltest du nutzen. Schau dir an, was andere machen und lerne so viel du kannst für deine eigene Werkstatt." Zu Hause diskutierte Johann mit seinem Vater und der Stiefmutter den Vorschlag, auf Wanderschaft zu gehen.

In vielen Gewerken war es damals üblich, nach der Lehre ein paar Jahre von einem Ort zum anderen zu ziehen und bei den verschiedenen Handwerksmeistern die eigenen Fertigkeiten zu verbessern. Je weiter man sich durch Deutschland bewegte, umso größer war das angesammelte Wissen über die verschiedenen Arbeitsweisen und Bräuche in den Ländern. Meist gab es für die Wanderburschen keinen Lohn, dafür freie Kost und Logis.

Nach anfänglichen Bedenken unterstütze der Vater die Pläne seines Sohnes, nachdem er sich die Meinung und das Zuraten von Meister Hilger angehört hatte. An einem Frühlingstag des Jahres 1924 schnürte Johann Jakob sein Bündel und machte sich zu einer dreijährigen Wanderschaft quer durch Deutschland auf. Einige persönliche Sachen, Wäsche, ein Paar Schuhe und das Kochgeschirr waren im Rucksack verstaut. Eine Decke gegen die Kälte kam oben drauf.

Sein Weg führte ihn als Erstes nach Schlesien und von dort weiter in Richtung Norden bis nach Ostpreußen und Pommern, wo er in einer Korbmacherei oft mit dem Sohn des Meisters zusammenarbeitete.

Die beiden jungen Männer hatten auch in der Freizeit gleiche Interessen. An den freien Wochenenden fuhren sie oft an die Ostsee. Johann gefiel es, sich einfach an den Strand zu setzen, auf die unendliche

Weite der See hinauszusehen und den Gedanken freien Lauf zu lassen. Unwillkürlich wechselten seine Gedanken zwischen den Angehörigen und Freunden zu Hause und den Träumen über die berufliche Zukunft. Die Hafenstädte mit den ein- und auslaufenden Schiffen beeindruckten den jungen Mann vom Lande.

Als er wieder einmal auf die unendliche Weite des Wassers sah und ein Schiff der Handelsmarine verfolgte, das immer kleiner wurde und schließlich am Horizont verschwand, packte Johann die Neugier und auch ein wenig die Abenteuerlust. „Wie mag es wohl in anderen Ländern aussehen, in England oder Spanien? Wie weit ist die Korbmacherei dort entwickelt?", fragte er sich. Er war kein Seemann, aber auf den Schiffen brauchte man auch andere Dienste. Johann ging in das Werbebüro der Handelsmarine und wollte auf dem nächsten auslaufenden Schiff anheuern.

Dank seiner schnellen Auffassungsgabe, seinen handwerklichen Fähigkeiten und den auf der Wanderschaft gemachten Erfahrungen hätte es fast geklappt. Leider ließen die Sicherheitsbestimmungen starke Brillenträger auf Schiffen der Handelsmarine nicht zu und damit zerplatzte der Traum von einer Reise in andere Länder.

Im letzten Jahr seiner Wanderschaft arbeitete Johann im Süden der Republik in der Eifel und im Schwarzwald. Die Korbmacher dieser Gegend waren führend in der Erprobung und Einführung neuer Methoden zur Behandlung der Weiden, in den Techniken der Flechtkunst und im Kreieren neuer Produkte.

Mit vielen neuen Ideen im Kopf und dem Ehrgeiz, das in der Fremde Gelernte anzuwenden, kehrte Johann 1927 nach Seitendorf zurück. Sein Vater war stolz auf ihn, als er von seinen Erlebnissen erzählte. Er wusste immer, wo sich Johann gerade aufhielt. Von jeder neuen Stelle schrieb er regelmäßig einen Brief nach Hause, in dem meistens auch Grüße an Gertrud und manchmal auch an Liesbeth standen.

„Weißt du was, Vater?", sagte Johann nach seiner Rückkehr, „ich möchte in unserem Dorf eine eigene Korbmacherei eröffnen. Ich habe unterwegs viele Familienbetriebe gesehen, die in den letzten Jahren gegründet wurden." Da sich der Vater schon während Johanns Abwesenheit Gedanken über dessen Zukunft gemacht hatte, kam der Vorschlag nicht ganz unerwartet. Im Inneren hatte er die gleichen Gedanken und war froh, dass Johann von sich aus diesen Vorschlag machte. „Es wird nicht leicht werden, Johann", gab August seinem Sohn zu bedenken, „einen guten Ruf muss man sich durch gute Arbeit jeden Tag hart erkämpfen, aber ich glaube, du kannst es schaffen. Du hast das Wissen und den Ehrgeiz dazu."

So wurde im Haus in der Dorfstraße 193, wo sein Vater mit der zweiten Frau und der gemeinsamen Tochter und Johanns Halbschwester Gertrud wohnten, ein großes Zimmer im Erdgeschoss auf der Südseite als Werkstatt eingerichtet. Das Wichtigste war die Suche nach einem geeigneten Standort für das Anpflanzen der Weiden. Im Niederdorf auf den Feldern zwischen Seitendorf und Reichenau gab es mehrere Teiche, gespeist von einem kleinen Bach aus dem Mittelgrund. Teilweise standen dort bereits wildwachsende Weiden. Johann pachtete einen schmalen Streifen am Ufer, brachte eine große Zahl von Stecklingen in die Erde und legte sich so eine Weidenplantage an, die seinen Bedarf in den kommenden Jahren decken konnte.

In Seitendorf gab es bisher keinen Korbmacher, so dass die Bauern als Hauptabnehmer ihren Bedarf an Korbwaren in Reichenau oder Zittau decken mussten. Dass es nun den Korbmacher Jakob im eigenen Dorf gab, hat man zwar zur Kenntnis genommen und in den Wirtschaften diskutiert, aber den Beweis einer guten Arbeit musste Johann erst noch erbringen. Für den Aufbau eines Kundenstammes arbeitete er zwölf bis vierzehn Stunden am Tag, was sich letztlich auszahlte. Bis 1930 zählten nicht nur viele Leute aus Seitendorf, sondern auch Bauern aus den Nachbardörfern zu seinen zufriedenen Kunden.

An den Wochenenden aber gab es für Johann auch eine andere Seite des Lebens. Er genoss die wenige freie Zeit, um mit seinen Freunden etwas zu unternehmen. Fast jeden Sonnabend luden Tanzveranstaltungen zum Vergnügen ein. Im Sommer wurde kein Dorffest in der Umgebung ausgelassen und bei schlechtem Wetter leisteten sich die jungen Burschen auch mal einen Kinobesuch in Reichenau.

An einem Sonntagnachmittag im Herbst des Jahres 1927 machte sich Johann auf den Weg zu Benno, der im Niederdorf wohnte. Benno war einer seiner besten Freunde. Oft waren sie als Kinder nach der Schule im Dorf unterwegs gewesen oder beschäftigten sich mit den vielen neuen technischen Geräten, die das Leben der Menschen in dieser Zeit veränderten.

Benno hatte ihm erzählt, dass er irgendwo her ein Fahrrad geschenkt bekommen hatte. Es gab aber noch ein Problem mit der Kette, so dass die Fahrt jedes Mal nach einigen Metern beendet war. Benno hoffte, dass ihm Johann mit seinen geschickten Händen dabei helfen konnte, das wertvolle Stück wieder fahrbar zu machen. Johann lief die Dorfstraße entlang ins Niederdorf. Gleich hinter dem Haus der Familie Rönsch war er nach rechts in die Kleine Seitengasse abgebogen, die parallel zur großen Dorfstraße verlief und kurz vor der Querstraße nach Reichenau wieder endete.

Er musste an die vielen Veränderungen im Dorf denken, die während seiner Wanderschaft geschehen waren. Der Vater und seine Freunde hatten ihm bereits einiges, wenn auch noch längst nicht alles, erzählt. Der wirtschaftliche Aufschwung in den zwanziger Jahren erreichte auch Seitendorf und die gesamte Gegend zwischen Zittau, Ostritz und Reichenau. Die Menschen verdienten wieder Geld, renovierten die teilweise sehr alten Häuser oder leisteten sich auch mal etwas Besonderes. Neue Häuser wurden gebaut wie das des Sparkassenvereins unmittelbar neben der evangelischen Kirche. Offenbar reichte das Geld auch noch zum Sparen.

Einen großen Anteil an der Zufriedenheit der Menschen hatte die Erweiterung des Kraftwerks und der Braunkohlengrube in Hirschfelde und Türchau. Die neuen Arbeitsstellen konnten durch die Bewohner der umliegenden Orte gar nicht alle besetzt werden. Viele Fremde zogen in die Oberlausitz und brauchten Wohnungen für sich und ihre Familien. Neben zwei Siedlungskolonien in Hirschfelde wurde am Ortsrand von Seitendorf in Richtung Hirschfelde ein dritter Standort mit etwa fünfzig Doppelhäusern errichtet. Die Einwohnerzahl von Seitendorf vergrößerte sich um 1000 und betrug 1925 fast 2800 Einwohner. ·

Johann überquerte die Hauptstraße von Reichenau nach Königshain, die von Süden nach Norden quer durch Seitendorf führte und das Dorf in Nieder- und Oberdorf teilte. Er blieb stehen und sah den Kirchberg hinauf zu der mächtigen katholischen Kirche, die von dieser erhöhten Position bereits viele Jahrhunderte über den Ort wachte. Das Besondere an dieser hauptsächlich im siebzehnten und achtzehnten Jahrhundert erbauten Kirche war die Anordnung des Kirchturmes. Er war nicht, wie sonst üblich, an der Giebelseite angebaut, sondern an einer der Längsseiten des rechtwinkligen Kirchenschiffes. Diese architektonische Besonderheit verlieh bereits dem Bauwerk die Ausstrahlung und die Macht, die die katholische Kirche über viele Jahrhunderte im Dorf ausübte.

Johann wunderte sich, dass ihm solche Gedanken erst jetzt so richtig bewusst wurden. Er stand schon viele Male an dieser Stelle, aber das war ihm früher nie aufgefallen. Vielleicht lag es daran, dass er in den Jahren der Wanderschaft viele Kirchen in Deutschland besucht hatte. Überhaupt ertappte er sich immer öfter dabei, dass er Dinge im Dorf bewusster wahrnahm als früher. Johann liebte sein Heimatdorf und genoss den herrlichen Blick, den er bei gutem Wetter vom Kirchberg auf das Zittauer Gebirge, das Isergebirge und das Riesengebirge hatte. Obwohl er einige schöne Gegenden in Deutschland von der Ostsee bis in den

Schwarzwald gesehen hatte, konnte sich Johann nicht vorstellen, dass er sein Dorf jemals freiwillig verlassen würde.

Gerade als er an dem zweistöckigen neuen Schulgebäude am Fuße des Kirchberges vorbeiging und unwillkürlich an die meist harmlosen Schülerstreiche denken musste, kamen zwei Mädchen die Straße von Königshain herunter. Die beiden unterhielten sich angeregt über irgendetwas und lachten. Johann hatte Liesbeth und ihre Freundin Gertrud schon längst erkannt und war stehengeblieben.

Seit der Rückkehr hatte er seine Freundin aus der Kindheit nur einmal kurz beim Bäcker gesehen. Außer einem eher beiläufigen „Na, wie geht's?" und „Bist du auch wieder da?", blieb damals keine Zeit für ein langes Gespräch. Als er die beiden nun auf sich zukommen sah, musste er feststellen: „Aus den Schulmädchen von damals sind junge, hübsche Frauen geworden". Er spürte förmlich, dass sich sein Herzschlag erhöhte.

„He Liesl, sieh mal, ist das nicht der Johann?", sagte Gertrud erstaunt, die ihn als erste gesehen hatte. Die Frauen verlangsamten unwillkürlich ihren recht flotten Gang und blieben fast stehen.

„Hallo ihr beiden. Wo kommt ihr denn so gut gelaunt her?", rief Johann den beiden zu. Liesbeth konnte nicht gleich antworten, denn sie musterte noch ihren Spielkameraden von früher und dachte: „Mit seiner Nickelbrille sieht er immer noch aus wie ein großer Junge, der gerade aus der Schule kommt. Nur die kurzen Haare und der korrekte Haarschnitt lassen ihn ein wenig älter erscheinen, dafür sind die leicht abstehenden Ohren umso besser zu sehen."

„Wir waren bei einer Freundin in Königshain", sagte Gertrud, als sie merkte, dass Liesbeth nicht antwortete. „Ist das nicht ein schöner Tag heute."

Ohne darauf zu reagieren, wandte sich Johann an Liesbeth.

„Wie geht's dir, Liesbeth? Mein Vater hat mir erzählt, dass du in der Weberei in Reichenau arbeitest?"

„Danke, mir geht es gut", antwortete Liesbeth, die endlich ihre Sprache wiedergefunden hatte, „ich arbeite mit meiner Mutter zusammen in Reichenau, das stimmt. Und du? Wie ist es dir ergangen? Du bist ganz schön herumgekommen, habe ich gehört. Danke für die Grüße."

Johann wusste nicht, wie viele Male er bereits auf diese Fragen geantwortet hatte, seit er zu Hause war. „Ich habe es nicht bereut. Ich habe viel gesehen, viel gelernt. Bin aber doch froh, wieder zu Hause zu sein. Ich erzähle dir später mehr darüber. Ich habe Benno versprochen, heute Nachmittag bei ihm vorbeizukommen. War schön, dich wiederzusehen."

Damit verabschiedete sich Johann und lief eiligst davon, so dass Liesbeth nur noch leise zu sich selbst sagen konnte: „Ja, bis später Johann." Obwohl sie Johann viele Jahre nicht gesehen hat, spürte Liesbeth in ihrem Herzen ein Gefühl der Vertrautheit und der Verbundenheit. Als ob es ein unsichtbares Band gab, das die beiden seit ihrer Kindheit zusammenhielt.

Benno wartete schon ungeduldig, als Johann endlich kam.

„Wo warst du denn so lange? Wir wollten uns doch das Fahrrad ansehen?" „Ich weiß nicht", antwortete Johann etwas ungläubig, „es ergab sich ebenso."

Zu den Höhepunkten des Dorflebens zählte neben dem Osterreiten, das auch viele Besucher aus Zittau anlockte, die Kirmes im Oktober jeden Jahres. Für die jungen Leute standen weniger die kirchlichen Feierlichkeiten im Vordergrund als vielmehr der Kirmestanz. Natürlich besuchten die meisten den besonderen Gottesdienst am Sonntag, aber die Tanzveranstaltung am Abend zuvor war einfach Pflicht. Es gab zwei Gasthäuser im Ort, die einen großen Saal hatten. In " Weises Gasthaus" im Niederdorf fanden vielfältige Veranstaltungen der Seitendorfer Vereine statt. Die Mitglieder des Turnvereins zeigten ihr Können, die Kleintierzüchter ihre Zuchterfolge und der Schachverein lud zum großen Schachabend mit Preisvergabe ein. Die Tanzveranstaltungen fanden meistens im Gerichtskretscham statt, einem stattlichen Gebäude im Dorfzentrum unterhalb des Kirchberges.

Der Kirmestanz im Jahr 1928 war wie immer ausverkauft. Johann und seine Freunde Arno, Oswald und Benno waren rechtzeitig gekommen und saßen an ihrem Stammtisch gleich neben der Theke. Nicht der kurze Weg zum Bierausschank war ausschlaggebend für die Platzwahl, sondern die gute Sicht auf die Tanzfläche und die Kapelle. Selbst die Tür hatten die jungen Männer im Blick, so dass ihnen kaum entgehen konnte, wer an diesem Abend ein- und ausging. Kein Wunder also, dass Johann bereits gesehen hatte, wie Liesbeth mit ihren Freundinnen den Saal betrat. Sie saßen auf der anderen Seite des Saales gleich neben der Bühne. Obwohl Johann seiner Freundin aus der Kindheit schon ein paar Mal im Dorf begegnet war, hatte er noch keine Gelegenheit gefunden, länger mit ihr zu reden. Er mochte Liesbeth. Heute hatte er sich vorgenommen, sie zum Tanz aufzufordern.

Natürlich suchten die Jungen in seinem Alter eine Freundin. Arno hatte sich in Hildegard verknallt und Benno hatte es wohl auf Gertrud abgesehen. Johanns Gedanken waren in letzter Zeit immer öfter bei Liesbeth. Er kannte ihre Mutter und ihre Großeltern gut. Eine freundliche und arbeitsame Familie, der nichts geschenkt wurde im Leben und die trotzdem immer für Freunde und Nachbarn da war, wenn es nötig war.

Johann erinnerte sich gern an die gemeinsamen Erlebnisse in der Kindheit. Wie oft hatten sie im Garten Verstecken gespielt, waren in den aufgemalten Kästchen auf der Straße gehüpft oder hatten Großvater August auch mal einen kleinen Streich gespielt. Wenn Liesbeth den kleinen Hans im Kinderwagen ausfahren sollte, kam sie extra am Haus der Jakobs vorbei, um zu sehen, ob Johann vielleicht im Garten war.

Als Johann die anderen am Tisch sagen hörte: „Hey, Johann, was ist los, trinkst du noch ein Bier mit?", war er noch immer in Gedanken bei Liesbeth auf der anderen Seite des Saales.

„Ja, klar doch", stotterte er und sah Arno schon auf dem Weg zur Theke. Die Kapelle fing an zu spielen und das Gespräch der Männer drehte sich wieder einmal um die Mädchen. „Na, Johann, willst du dir die kleine Kretschmer heute holen?", fragte ihn Benno in seiner gewohnt lockeren Ausdrucksweise. „Kümmere du dich lieber um deine Gertrud", antwortete Johann gereizt, „mit wem steht sie denn dort an der Tür?"

Es war ein turbulenter Abend. Die Kapelle heizte die ausgelassene Stimmung immer wieder an und auf der Tanzfläche fand man kaum noch eine Lücke. Es wurde viel gescherzt, gelacht und getrunken. Der Kirmestanz war jedes Jahr etwas Besonderes in Seitendorf. Johann hatte Liesbeth den ganzen Abend kaum aus den Augen gelassen. Er sah, wie sie sich mit ihren Freundinnen am Tisch vergnügte. Sie schien gut gelaunt zu sein und das freute ihn. Als die fünf Musiker den bekannten Titel „Trink, trink, Brüderlein trink" ankündigten, fasste er sich ein Herz und ging zum Tisch der Mädchen hinüber.

„Hast du Lust, mit mir zu tanzen?", fragte er Liesbeth ohne auf die anderen Mädchen zu achten.

„Ja, gern", antwortete sie ein wenig überrascht, aber froh, dass er sie aufforderte.

„Du siehst gut aus Liesbeth, wie geht es dir?", begann Johann das Gespräch auf der Tanzfläche.

„Danke, mir geht es gut. Wir hatten gerade einen Riesenspaß. Gertrud hat von ihrem kleinen Bruder erzählt. Was er sich in der Schule für Dummheiten traut, davon haben wir nur geträumt."

„Was willst du nach deiner Rückkehr jetzt machen? Gehst du wieder nach Reichenau zu Hilgers?", fragte Liesbeth nach einer kurzen Pause, „ich habe gehört, dass du angefangen hast, zu Hause Körbe zu flechten, stimmt das?"

„Ja, das stimmt. Ich weiß noch nicht so recht, was ich machen soll. Ich habe viele Ideen im Kopf, was man aus Weidenruten alles herstellen kann. Meister Hilger würde mich gern wieder nehmen, aber ..."

„Du warst in Reichenau in der Werkstatt?", unterbrach sie Johann.

„Ja, vor ein paar Wochen, die Kollegen haben mich toll empfangen. Sie wollten genau wissen, wie es anderswo aussieht und wie dort gearbeitet wird."

„Dann fang doch in Reichenau wieder an, Johann. Wir könnten manchmal zusammen zur Arbeit gehen.", sagte Liesbeth.

Johann konnte in ihrem Gesicht bereits die Vorfreude auf gemeinsame Heimwege ablesen. Auch er musste zugeben, dass der Gedanke, öfter mit Liesbeth zusammen zu sein, sein Herz schneller schlagen ließ. „Ja, mal sehen, warum nicht.", antwortete Johann nur kurz. Einige Augenblicke später fügte er hinzu: „Ich muss noch einmal mit meinem Vater darüber reden. Sein Rat ist mir bei dieser Entscheidung wichtig."

Die Kapelle spielte die letzten Takte des Liedes und kurz darauf wurde es unruhig auf der Tanzfläche. Manche Paare gingen zurück an die Tische, aber viele andere strömten auf die Tanzfläche und warteten ungeduldig auf den Beginn des nächsten Liedes. Liesbeth und Johann waren zu sehr mit sich beschäftigt, um das Gedränge wahrzunehmen.

Es war schon nach Mitternacht, als der Sänger der Kapelle das letzte Lied ansagte. Johann ließ es sich an diesem Abend nicht nehmen, Liesbeth zum letzten Tanz zu bitten. Als der Kapellmeister den fröhlichen Leuten einen guten Nachhauseweg wünschte, fragte er sie: „Darf ich dich nach Hause bringen?"

„Ja gern, ich sage nur noch Hilde und Gertrud Bescheid", antwortete Liesbeth mit einer Stimme, die verriet, dass sie insgeheim darauf gewartet hatte.

Es war eine ruhige Herbstnacht. Der Wind hatte sich gelegt und zwischen den Wolken konnte man ab und zu einen Stern leuchten sehen. Schweigend gingen die beiden Hand in Hand ins Oberdorf. Liesbeth und Johann waren glücklich und jeder versuchte die Gedanken des anderen zu erraten. Erst als ihr Elternhaus schon zu sehen war, sagte Liesbeth: „Danke fürs nach Hause bringen. Es war ein schöner Abend."

Vor dem Gartentor blieben sie stehen und Johann schaute Liesbeth ins Gesicht. „Mir hat es auch gefallen, die Kapelle war wirklich gut."

„Was rede ich für einen Unsinn", dachte Johann im nächsten Moment. Als sie im Haus verschwunden war, machte er sich auf den Rückweg. Er konnte sich nicht erinnern, wann er Liesbeth das letzte Mal so glücklich gesehen hatte.

Vielleicht hatte er in ihrem Gesicht das Spiegelbild seines eigenen gesehen. Er spürte auch auf seinem Gesicht ein zufriedenes Lächeln. Johann war erleichtert, dass Liesbeth seine leisen Gefühle offenbar erwiderte. Es war wie ein unsichtbares Band, was sich an diesem Abend endgültig zwischen den beiden geknüpft hatte.

An einem Sonntagnachmittag im Mai des Jahres 1928 zeigte sich das Wetter von seiner besten Seite. Dabei hatte der Tag ganz eigenartig begonnen. In der vorangegangenen Nacht war es sternenklar und kalt gewesen, aber mit der Helligkeit des Tages kamen dunkle Wolken aus Westen über das Lausitzer Bergland gezogen. Bis auf einen kurzen Schauer blieb es aber trocken und am Mittag waren die Wolken genauso schnell verschwunden wie sie gekommen waren. Sie machten einem wunderschönen, sonnigen und warmen Frühlingstag Platz.

Johann und Liesbeth hatten sich für den Nachmittag verabredet. Sie wollten in Richtung Dornhennersdorf wandern und die Frühlingsluft genießen. In der Woche saßen sie meist in der Fabrikhalle oder in der Werkstatt und konnten die Sonne nur durch die Fensterscheiben sehen. Johann machte sich gleich nach dem Mittagessen auf den Weg ins Oberdorf. Er hatte den Eindruck, dass alle im Dorf nur auf diesen Tag gewartet hatten. Kinder spielten auf der Straße und die alten Leute saßen auf den Gartenbänken und genossen die Sonnenstrahlen.

Als er sich dem Teich vor dem Haus der Kretschmers näherte, sah er, dass fast die ganze Familie im Garten war. Liesbeths Großmutter saß auf der Bank neben der Haustür und begrüßte jeden, der auf der Straße vorbeispazierte. Es kam selten vor, dass sie jemanden nicht kannte.

Der Großvater war im Garten unterwegs und betrachtete die Obstbäume, an denen sich die ersten Blätter und Blütenknospen zeigten.

„Wahrscheinlich versucht er schon jetzt herauszufinden, wie die Ernte in diesem Jahr ausfallen könnte", dachte Johann, als er näherkam.

Jetzt erst sah er Hulda, Liesbeths Mutter. Sie hockte inmitten der neu angelegten Gemüsebeete und brachte die ersten Pflanzen in die Erde.

„Guten Tag Frau Kretschmer", grüßte Johann, „schon wieder so fleißig? Wo ist denn Liesbeth bei diesem schönen Wetter?"

„Ach der Johann. Guten Tag", antwortete Hulda mit freundlicher Stimme, als sie aufstand, um ihn zu begrüßen. „Die Liesl? Sie war gerade noch hier, sieh mal hinten nach, vielleicht ist sie beim Großvater!"

In diesem Moment kam Liesbeth um die Hausecke. Sie hatte Johann mit der Mutter reden hören und war froh, dass er endlich da war.

„Grüß dich Johann. Ist das nicht ein herrlicher Tag geworden?", rief sie ihm zu. Und ohne seine Antwort abzuwarten, drehte sich Liesbeth zur Mutter um, die immer noch am Gartenzaun stand, und sagte: „Wir gehen ein Stück spazieren." „Ist schon gut", antwortete die Mutter, und die Großmutter auf der Bank lächelte zufrieden, als die beiden jungen Leute die Straße hinaufliefen.

Es dauerte nicht lange und sie erreichten das Ortsende von Seitendorf. Nur wenige Meter weiter standen die ersten Häuser von Dornhennersdorf. Die Querstraße von Neugersdorf nach Reichenau markierte die Grenze zwischen den Dörfern. Wenn man hier rechts in Richtung Reichenau abbog, erreichte man nach etwa vier Kilometern in der Nähe des Waldes die Windschenke. Zusammen mit der Windmühle und der Windschmiede war die Schenke ein beliebtes Ausflugsziel der Dornhennersdorfer und der Seitendorfer. Johann und seine Freunde waren im vergangenen Jahr zu Himmelfahrt dort eingekehrt.

„Komm, wir gehen auf den Sandberg hoch!", sagte Liesbeth plötzlich, als Johann noch an den abenteuerlichen Rückweg der Himmel-
fahrtstour dachte. Das Wetter schien an diesem Tag noch etwas gut
machen zu wollen, denn die Fernsicht wurde immer besser. Als Johann und Liesbeth oben angekommen waren und auf die Dörfer und
Berge um sie herum sahen, sagte keiner von beiden ein Wort. Obwohl sie
schon viele Male diesen Blick auf ihre Heimat gesehen hatten, waren sie
jedes Mal aufs Neue beeindruckt und zufrieden.

Beeindruckt von den Häusern und Kirchen, die zwischen den vielen
kleinen Bergen wie aufgereiht an den Bachläufen standen und von den
großen Bergen im Hintergrund. Zufrieden, weil die Oberlausitz ihre
Heimat war und weil es ihnen gut ging.

„Ich kann mir gar nicht vorstellen, dass es anderswo schöner sein soll",
sagte Liesbeth mehr zu sich selbst als zu Johann, der neben ihr stand.

„Ist es auch nicht", antwortete Johann und ahnte, worauf sie hinaus-
wollte.

„Es ist eben anders. Im Schwarzwald sind die Berge höher und es gibt
größere Wälder. In Pommern findest du fast keine Berge, dafür ist die
Ostsee mit dem schönen Sandstrand faszinierend."

„Erzähl mir ein wenig von der Ostsee", bat Liesbeth. Johann hatte
seit seiner Rückkehr von der Wanderschaft schon vielen Verwandten
und Freunden von seinen Erlebnissen erzählt. Es machte ihm Spaß
und so war er froh, dass Liesbeth ihn danach fragte.

„Ich war ein paar Monate bei einem Korbmacher in Pommern ange-
stellt. Die Menschen dort sind wie das Wetter, etwas rau, aber sehr
herzlich. Es dauerte eine Weile, bis ich als Fremder in die Familie aufgenommen wurde. Aber danach hatten wir viel Spaß. Ich freundete mich
mit Paul, dem Sohn des Meisters, an. Er war fast so alt wie ich. Wir waren
zusammen ein paar Mal an der Ostsee. Ich sage dir, Liesbeth, es war wunderschön. Der Strand, die Wellen und Wasser bis zum Horizont und die

vielen Schiffe."

Liesbeth, die die ganze Zeit gespannt zugehört hatte, unterbrach Johann und wollte wissen: „Hast du die großen Schiffe auch mal aus der Nähe gesehen?" In seinen leuchtenden Augen konnte sie sehen, wie sich die schönen Erinnerungen darin spiegelten.

„Ja, im Hafen. Paul erzählte mir von den großen Schiffen der Handelsmarine, die Obst und Rohstoffe aus Südeuropa und sogar aus Amerika nach Deutschland bringen."

Liesbeth war nicht besonders neugierig, aber jetzt wollte sie wissen: „Stimmt es wirklich, dass du auf so einem Schiff mitfahren wolltest? Mutter erzählte mir das, nachdem sie vorige Woche deinen Vater im Dorf getroffen hatte." Johann war etwas verlegen. Offenbar schien es ihm nicht ganz recht zu sein, dass Liesbeth davon wusste. „Das habe ich bisher nur meinem Vater erzählt", antwortete er etwas ärgerlich darüber, dass dieser es offensichtlich im Dorf weitererzählt hatte. Da Liesbeth seine Unsicherheit merkte, sagte sie schnell: „Ich finde es toll, dass du den Mut dazu hattest, auch wenn es nicht geklappt hat."

Jetzt fühlte sich Johann doch etwas geschmeichelt und erzählte ihr von seinem Besuch im Büro der Handelsmarine. Liesbeth spürte in seinen Worten, wie er sich ein zweites Mal ärgerte, dass ihn seine starke Brille um dieses Erlebnis gebracht hatte. Sie wollte ihn trösten. Sie drehte sich zu ihm herum, schaute ihm direkt in die Augen. „Ich finde es auch schade, aber es kann nicht alles in Erfüllung gehen, was man sich erträumt."

Eine Weile herrschte Stille. Sie sahen sich nur an. Johann kam es vor wie eine kleine Ewigkeit. Er sah in das hübsche Gesicht von Liesbeth, sah ihre erwartungsvollen Augen und ihr zaghaftes Lächeln. Was schweiften seine Gedanken verpassten Gelegenheiten nach, wenn die Gegenwart doch viel aufregender war. Als Johann das begriff, zitterten ihm die Knie und sein Herz begann zu rasen.

Vor ihm stand nicht mehr das Mädchen, das er seit seiner

Kindheit kannte, mit dem er so viel gemeinsam erlebt hatte und dem er alles erzählen konnte. Nein, vor ihm stand eine junge Frau, in die er sich, ohne es zu merken, verliebt hatte. Johann legte beide Arme um Liesbeth und zog sie fest an sich heran. Keiner von beiden konnte und wollte in diesem Moment den ersten Kuss verhindern. Die Sonne strahlte auf das glückliche Paar. So wie die Häuser von Seitendorf am Fuße des Sandberges begannen und fast bis in das Tal der Neiße reichten, so lag ein gemeinsames Leben vor Johann und Liesbeth.

In den folgenden Monaten verbrachten beide den größten Teil ihrer Freizeit zusammen. Während Liesbeth weiter mit ihrer Mutter nach Reichenau zur Arbeit in die Weberei ging, richtete sich Johann im Elternhaus eine kleine Werkstatt für seine Korbarbeiten ein. Der Bedarf an Körben in allen Größen war besonders bei den Bauern des Ortes groß. Der Kundenstamm der "Korbmacherwerkstatt Johann Jakob" wurde immer größer. Liesbeth besuchte Johann oft nach der Arbeit in der Werkstatt. Es machte ihr Spaß zuzusehen, wie geschickt er mit den Weidenruten umgehen konnte und bei einfachen Arbeiten half sie ihm gern.

Es war das Jahr ihres zwanzigsten Geburtstags, als Liesbeth mit ansehen musste, wie im Februar 1929 ihr geliebter Großvater Johann starb. Fünf Monate später wäre er siebzig Jahre alt geworden. Wie sich das Leben und das nicht vorhersehbare Schicksal manchmal wiederholt: Liesbeth starb 1979 ebenfalls knapp fünf Monate vor ihrem siebzigsten Geburtstag.

Wie es damals üblich war, wurde der Verstorbene am Tag der Beerdigung im eigenen Haus aufgebahrt. Familie und Freunde nahmen Abschied. Seine Frau Anna, seine Schwiegertochter Hulda und die Enkeltochter trauerten um Johann Kretschmer, der als einziger Mann im Haus immer da war, wenn er gebraucht wurde. Besonders traurig war der inzwischen zehnjährige Hans, der in Johann den Vater und Großvater zugleich sah und dem er viel zu verdanken hatte.

Am Tag der Trauerfeier war der Himmel bedeckt. Schnee lag auf der Dorfstraße, und es war bitter kalt. Es war ein langer Trauerzug, der von der Seitengasse, die zum Haus Nr. 187 führte, auf die Dorfstraße einbog.

Langsam bewegten sich die Menschen in Richtung Niederdorf zur katholischen Kirche. An der Spitze gingen sechs Sänger, drei Frauen und drei Männer des Kirchenchores mit den Gesangsbüchern. Ein paar Meter dahinter folgte Pfarrer Grohmann im festlich bestickten Gewand und dem Kirchenbuch in beiden Händen. Mit seinen Gebeten auf dem Weg zur Kirche leitete er die Trauerfeier ein. Hinter dem Pfarrer trug ein Junge der Gemeinde einen Kranz aus Blumen und Tannenzweigen, bevor der Leichenwagen mit dem Sarg den Zug der Trauergemeinde anführte.

Zum Schutz vor der Kälte waren die Rücken der beiden stattlichen Pferde mit langen schwarzen Decken bedeckt. Rechts und links neben dem Wagen liefen jeweils drei Sargträger. In der ersten Reihe unmittelbar hinter dem Sarg gingen Anna, Hulda und Liesbeth. Der kleine Hans wich Liesbeth nicht von der Seite. Viele Dorfbewohner, die Johann Franz Kretschmer als hilfsbereiten Freund und Nachbarn kannten, schlossen sich dem Zug an. Die etwa siebzig Leute in ihren dicken, schwarzen Mänteln bildeten einen deutlichen Kontrast zum weißen Schnee auf der Straße, in den Gärten und auf den Dächern der Häuser.

Für die Kretschmers war es ein trauriges Jahr. Aber für die gesamte Welt war der Zusammenbruch der New Yorker Börse am 25. Oktober 1929 ein schlimmes und weitreichendes Ereignis. Viele Aktien verzeichneten Kursverluste bis zu neunzig Prozent. Amerikanische Banken stellten ihre Zahlungen ein und schlossen teilweise für mehrere Tage. Internationale Kredite wurden zurückgerufen. Durch bestehende Abkommen und Verträge kam es zu einer Lähmung der gesamten Weltwirtschaft. Das war der Beginn der Weltwirtschaftskrise, die bis 1933 andauern sollte.

Die Ereignisse in Amerika trafen Deutschland besonders hart, wo sich die Wirtschaft seit dem Inflationsjahr 1923 spürbar erholt hatte. Politisch bedeutete der Tod des Außenministers Stresemann im Oktober 1929 einen unersetzbaren Verlust für die demokratische Regierung der Weimarer Republik. Stresemann war es zu verdanken, dass der Wiederaufbau des Landes soweit fortgeschritten war und sich die Beziehungen zu den Nachbarstaaten normalisiert hatten.

Die wirtschaftliche Lage für die Betriebe wurde 1930 immer schwieriger. Die Folge waren Entlassungen und damit ein rapides Ansteigen der Arbeitslosen. Das Parlament in Berlin war nicht geschlossen genug, um dieser Entwicklung durch Gesetze entgegenwirken zu können. Nach der Auflösung des Reichstages im Juli 1930 kam es im September zu Neuwahlen, in deren Folge die Nationalsozialisten unter Führung von Hitler in den Reichstag einzogen. Deutschland hatte politisch nach rechts gedreht und das Ende der Republik stand bevor.

Die politischen und vor allem die wirtschaftlichen Veränderungen im Laufe des Jahres 1930 waren auch in der Oberlausitz zu spüren. Durch die Industrialisierung war eine Vielzahl von Betrieben und Fabriken vor allem in der Textilindustrie entstanden. Viele Menschen, die durch das Arbeitsangebot mit ihren Familien in die Gegend um Zittau gekommen waren, konnten nicht mehr beschäftigt werden. Hinzu kam die Unsicherheit vor der Zukunft. Keiner wusste, wie es weitergehen würde und so war es nicht verwunderlich, dass die Leute ihr Geld nur zögerlich ausgaben. Das bekamen besonders die kleineren Handwerksbetriebe zu spüren.

Johann hatte sich in den Jahren nach seiner Rückkehr von der Wanderschaft einen guten Stand in Seitendorf erarbeitet. Aber auch er merkte, dass so mancher Korb bei den Bauern noch einmal selbst repariert wurde, bevor man einen neuen kaufte. Es war an einem Frühlingstag im Mai des Jahres 1930, als Johann in seiner Werkstatt saß und mit Entwürfen für neue Korbmöbel beschäftigt war. Er schaute zum Fenster hinaus in den Garten, wie er es oft tat, wenn er in Gedanken neue Ideen suchte. Das frische Grün der Natur und der wunderschön blühende Kirschbaum inspirierten ihn.

Plötzlich sah er Liesbeth die Dorfstraße herunterkommen. Offensichtlich hatte sie es ziemlich eilig und kam geradewegs auf das Haus der Jakobs zu. Erfreut über den unerwarteten Besuch ging er sofort zur Haustür, um seine Freundin zu begrüßen. Er hatte die Tür gerade geöffnet, als Liesbeth durch das Gartentor kam. In ihrem angespannten Gesicht konnte er sehen, dass irgendetwas Wichtiges passiert sein musste. Er war sich nur nicht sicher, ob es gute oder schlechte Nachrichten waren.

„Guten Tag, Johann", rief Liesbeth, als sie ihn in der Tür stehen sah.

„Guten Tag", antwortete Johann, „was ist denn passiert? Komm erst mal herein in die Werkstatt."

Obwohl es nur Sekunden waren, verspürte Johann eine steigende Spannung und Neugier. Vielleicht ahnte er auch, was Liesbeth jetzt sagen würde.

„Ich bin schwanger", sagte sie in einem fast unbeteiligten Tonfall, aus dem man nicht schließen konnte, ob sie sich freute oder nicht. Obwohl beide schon viele Male über dieses Thema gesprochen hatten, war Liesbeth gespannt, wie ihr Freund die Nachricht aufnehmen würde.

Johann brauchte nicht lange zu überlegen. Er liebte Kinder. Er war jetzt fast vierundzwanzig Jahre alt, hatte einen guten Beruf gelernt und sich eine eigene Existenz aufgebaut. Und das Wichtigste war, er hatte seine Frau fürs Leben gefunden. Mit Liesbeth, die er seit der Kindheit kannte und die er liebte, wollte er Kinder haben. Und er wollte sie heiraten. Johann sagte kein Wort, aber das Lächeln und die Freude in seinen Augen verrieten Liesbeth, dass er glücklich war. Die bevorstehende Geburt des ersten Kindes war der Anlass, nun ernsthaft über gemeinsame Zukunftspläne nachzudenken. Johann und Liesbeth waren seit über zwei Jahren zusammen und beide konnten sich ein Leben ohne den anderen eigentlich gar nicht mehr vorstellen. Aber es waren viele Fragen zu klären und Entscheidungen zu treffen. Wann und vor allem wo sollte geheiratet werden? Konnte man in eines der Elternhäuser einziehen? Wie sollte es mit der Korbmacherei weitergehen? Wo konnte die Werkstatt eingerichtet werden?

Die jungen Leute träumten von einer glücklichen Familie und wollten ihr gemeinsames Leben so gut wie möglich einrichten. Ihre Eltern halfen mit manchem guten Rat und tatkräftiger Hilfe. Nach dem Bekanntwerden der Schwangerschaft und den festen Heiratsplänen sollte die Hochzeit noch vor der Geburt stattfinden, obgleich die Geburt des ersten Kindes und die Trauung im folgenden Jahr durchaus keine Seltenheit in dieser Zeit waren.

Es waren nun schon zwanzig Jahre seit der Hochzeit von Liesbeths Eltern vergangen, aber die Schwierigkeiten und Abweisungen seitens der katholischen Kirche hatte Hulda nicht vergessen. Sie befürchtete schon länger, dass ihrer evangelisch erzogenen Tochter beim Pfarrer der katholischen Kirche in Seitendorf Ähnliches widerfahren könnte. Und Hulda sollte Recht behalten. Das seit Jahrzehnten schwierige, fast feindselige Verhältnis der beiden Kirchen in Seitendorf, hatte sich nicht geändert. Die Jakobs waren der katholischen Kirche seit Generationen treu verbunden. Aber auch die Fürsprache und Bitte von August konnten Pfarrer Grohmann nicht dazu bringen, die Trauung seines Sohnes mit einer Protestantin zu vollziehen.

Es war aber nicht nur die Kirche, die solche Verbindungen nicht wünschte, auch bei der Mehrzahl der überwiegend katholischen Einwohner stieß die aus ihrer Sicht zunehmende Aufweichung der Glaubenszugehörigkeit im Ort auf Ablehnung und sogar Ausgrenzung.

Der Sommer 1930 war vergangen und der Herbst hatte von der Natur Besitz ergriffen, als für Johann und Liesbeth alles in den Hintergrund trat. Am 26. November wurde die erste Tochter geboren, die den Namen Gertraud erhielt. Traudel, wie sie später nur noch genannt wurde, kam im Hause der Kretschmers zur Welt, in dem Liesbeth zusammen mit Mutter Hulda und Großmutter Anna lebte. Als Anna Kretschmer ein halbes Jahr später starb, war genug Platz im Haus, um das junge Paar mit ihrer kleinen Tochter aufzunehmen. Im Sommer des Jahres 1931 mussten wichtige Entscheidungen für die Zukunft getroffen werden, nicht zuletzt die, wann und wo die Hochzeit stattfinden sollte.

Niemand kann mehr sagen, wie viele Abende August und Hulda mit ihren Kindern zusammensaßen, um aus der Vielzahl der Möglichkeiten die wirklich beste herauszufinden. Bei all den Diskussionen, dem Abwägen der Vor- und Nachteile, war es für alle eine Freude, die kleine Traudel in dem vom Vater hergestellten Korbwagen zufrieden und glücklich zu sehen.

Das Aufgebot für die Hochzeit wurde für den 12. Dezember 1931 bestellt. Die ablehnende Haltung der katholischen Kirche hatte August nie verstanden, aber er musste einsehen, dass mit Pfarrer Grohmann in dieser Hinsicht nicht zu verhandeln war. Johann war zwar katholisch erzogen, aber, geprägt durch seine Erfahrungen während der Wanderschaft, in Glaubensfragen völlig offen. Nicht die Zugehörigkeit zu einer bestimmten Konfession war für ihn das Entscheidende, sondern der feste Glaube an Gott. Er war mit der Hochzeit in der evangelischen Kirche einverstanden. Für Johann war die Mutter die wichtigere Bezugsperson für die gemeinsamen Kinder. Deshalb sollten sie im evangelischen Glauben erzogen werden.

Mit der Festsetzung des Hochzeitstages war das Fundament für das gemeinsame Leben geschaffen. Ebenso wichtig, aber kaum einfacher, waren die Entscheidungen über die zukünftigen Wohnverhältnisse und die berufliche Zukunft der jungen Familie.

Im Haus der Großeltern väterlicherseits wohnten nach dem Tod der Großmutter Anna Kretschmer nur noch Liesbeth mit ihrer kleinen

Anna Kretschmer geb. Ressel, Großmutter von Liesbeth Jakob

Johann Kretschmer, Großvater von Liesbeth Jakob

Beerdigung von Johann Kretschmer (1929)

Kommunion von Johann Jakob (1918)

Liesbeth Kretschmer, mit Mutter Hulda Kretschmer (1918)

Belegschaft der Korbmacherei Hilger in Reichenau mit Johann Jakob
(sitzend 2.v.r. - um 1921)

Briefkopf der Korbmacherei von Johann Jakob (1933)

Liesbeth Jakob (1942)

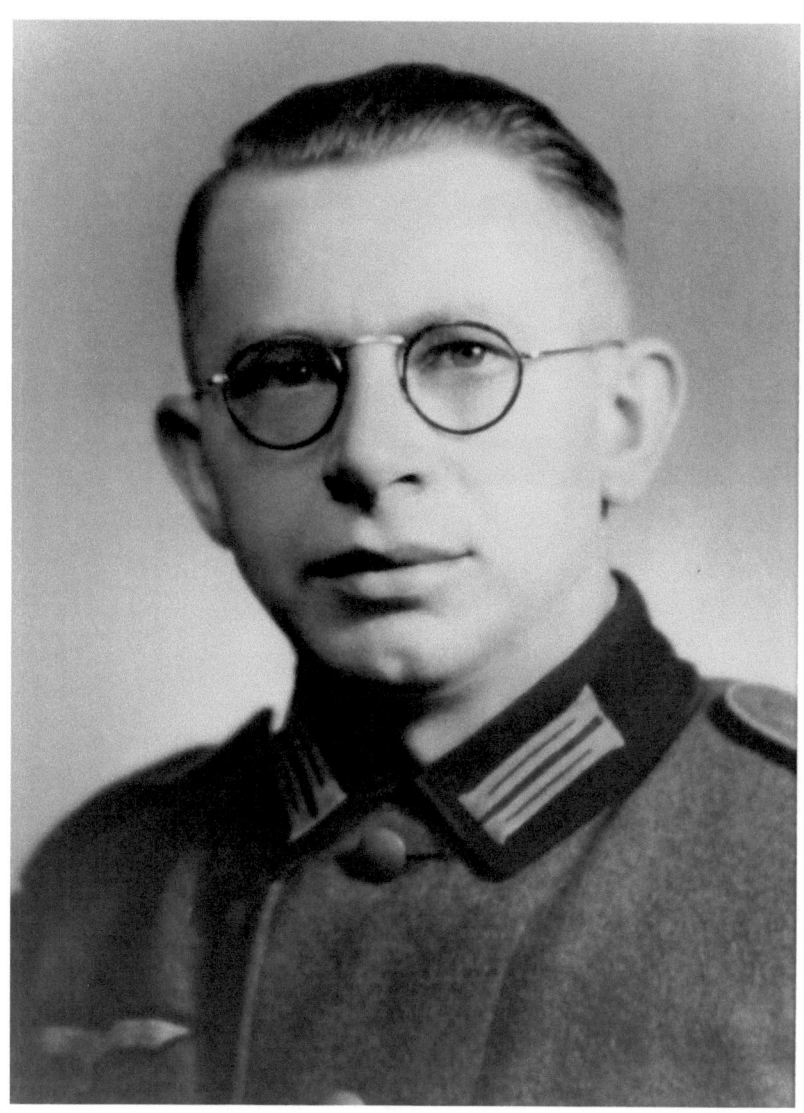

Johann Jakob (1942)

Das Wohnhaus von
Liesbeth und
Johann Jakob in
Seitendorf bis 1945

Seitendorf mit Haus
Jakob
Bild oben: vorn links;
Bild unten: rechte
Mitte in der Senke

Das Haus in
Wittgendorf, (Mitte
der 60er Jahre)
rechts: Vorderseite zur
Straße
unten: Hinterseite zum
Bach

Die gesamte Familie zur Taufe von Horst (1943): Werner, Thea, Johann, Traudel, Horst (Säugling), Helmut, Liesbeth, Ruth und Günter (v.l.)

Günter im Garten in Seitendorf (1934)

Helmut und Nachbarskind Christa beim Spielen mit Fahrradfelgen in Seitendorf (1944)

Traudel, Ruth, Thea, Werner und Günter (v.l.) im Garten in Seitendorf (1942)

Tochter Traudel, ihrer Mutter und dem Waisenjungen Hans Gold, den Liesbeths Großeltern aus dem katholischen Waisenhaus in Ostritz aufgenommen hatten. Johann lebte seit seiner Rückkehr von der Wanderschaft wieder in seinem Elternhaus, in dem auch sein Vater mit der zweiten Frau Ida und der zehnjährigen Tochter Gertrud wohnte. Johann hatte sich mit Hilfe des Vaters im Erdgeschoss eine kleine Werkstatt eingerichtet.

Und da war auch noch das Elternhaus von Johanns Vater. Es stand seit drei Jahren leer. Johannes Jakob, der Vater von August, war 1924 gestorben. Die Mutter lebte seit dieser Zeit allein im Haus und feierte am 18. August 1927 ihren achtzigsten Geburtstag. Da ihre Gesundheit doch merklich nachließ, musste sich August immer öfter um seine Mutter kümmern. Sie überschrieb ihm noch zu Lebzeiten im Dezember 1927 das Haus. August war dadurch Besitzer von zwei Häusern geworden.

In jedem dieser drei Häuser hätten sich Johann und Liesbeth ein eigenes Heim schaffen können. Die Wahl fiel letztlich auf Johanns Elternhaus. Ausschlaggebend für diese Entscheidung war der geplante Aufbau einer eigenen Korbmacherei in Seitendorf. Für Johann stand schon lange fest, dass er mit der Herstellung und dem Verkauf von Korbwaren und Korbmöbeln seine Familie ernähren wollte.

Die Gründung eines kleinen Handwerksbetriebes mit Werkstatt, Lagerraum und Verkaufsraum erforderte einigen Platz. Zudem war Wasser eine wichtige Voraussetzung für die Verarbeitung der Weiden, aber nur das Grundstück in der Dorfstraße 193 lag direkt am Dorfbach, der von Dornhennersdorf kommend in Richtung Niederdorf floss. Wenn sich das Geschäft gut entwickeln würde, konnte sich Johann vorstellen, vielleicht ein oder zwei Gesellen zu beschäftigen. Haus und Grundstück ließen einen Anbau von weiteren Räumen zu.

August unterstützte nach reiflicher Überlegung die Pläne seines Sohnes. Seit dem frühen Tod seiner ersten Frau hatte er ein noch intensiveres

Verhältnis zu Johann. Gemeinsam meisterten sie die schwierige Zeit seiner Kindheit. Er verschaffte Johann die Lehrstelle in der Korbmacherei in Reichenau und befürwortete die Idee der Wanderjahre, in denen aus dem jungen, unerfahrenen Burschen ein Mann geworden war. August hatte nie Zweifel daran, dass sein Sohn eines Tages einen eigenen Betrieb führen könnte. Im Sommer des Jahres 1931 lag dieser von August vorgedachte Weg in die Zukunft vor ihnen. Johann hatte mit Liesbeth eine Frau an seiner Seite, die er liebte und die im Geschäft mit zupacken konnte, wenn es notwendig war.

August machte den beiden den Vorschlag, dass er mit seiner Familie in das leerstehende Haus seiner Eltern zog, welches nur ein paar hundert Meter weiter im Niederdorf stand. Johann war seinem Vater sehr dankbar für diese Entscheidung. Er wusste, dass den Vater sehr viel mit dem Haus und dem Grundstück verband. Seit er es kurz nach der Jahrhundertwende für sich und seine erste Frau Emma kaufte, hatte er viele Stunden harter Arbeit in die Unterhaltung und den Ausbau gesteckt. Das Haus war in einem guten baulichen Zustand.

Johann und Liesbeth waren glücklich. Auch Hulda war mit den Plänen der Jakobs sehr zufrieden. Sie wünschte ihrer Tochter nach den vielen Jahren der tagtäglichen Arbeit in der Weberei in Reichenau und nach den Problemen mit der Kirche nichts sehnlicher als eine glückliche Familie. Mit ihrem angehenden Schwiegersohn hatte sie sich von Anfang an gut verstanden. Sie schätzte seine Geschicklichkeit bei der Arbeit, seinen hellen Verstand und die große Kinderliebe.

Hulda störte es wenig, dass sie nach dem Auszug von Liesbeth mit dem kleinen Hans allein im Haus leben würde. Sie war erst siebenundvierzig Jahre alt und sah keine Probleme darin, Haus und Garten in Ordnung zu halten. An das Alleinsein hatte sie sich seit dem frühen Tod ihres Mannes vor sechzehn Jahren gewöhnen müssen. Und schließlich wohnten die Kinder und Enkelkinder nur dreihundert Meter entfernt.

Johann und Liesbeth aber gefiel der Gedanke nicht, dass die Mutter in ihrem Haus wohnen blieb. Sie überredeten Hulda, zu ihnen zu ziehen und Haus und Grundstück zu verkaufen. Schließlich willigte sie doch ein. Weitaus schwieriger war es für Johann, vom Waisenhaus in Ostritz die Erlaubnis zu bekommen, Hans Gold bei sich aufzunehmen. Der katholische Pfarrer in Seitendorf kämpfte energisch für die Rückkehr des Jungen ins Waisenhaus. Es kostete Johann einige Mühe, die Schwestern in Ostritz davon zu überzeugen, dass Hans auch in einer Familie, die im evangelischen Glauben lebte, gut aufgehoben war.

Der Verkauf des Hauses im Dezember 1931 an Emma Schimmel brachte eintausendsechshundert Reichsmark ein. Ein Teil des Geldes wurde in den Ausbau der Werkstatt gesteckt, der Rest erstmal gespart. Pläne, Hoffnungen und Träume hatte die junge Familie Jakob genug.

Und das Glück schien ihnen in diesen Jahren wohlgesonnen. Ein eigenes Haus, eine gesunde Tochter, die Chance auf ein gutes berufliches Auskommen und ihre große Liebe füreinander ließen Johann und Liesbeth auf eine glückliche Zukunft hoffen.

Erinnerungen der Tochter Gertraud (Traudel)

Die frühe Trennung von der Familie und die verlorene Heimat Seitendorf sind Dinge, die ich mein Leben lang nicht vergessen kann.

Ich wurde am 26. November 1930 als ältestes von sieben Kindern geboren. Meine Eltern, Johann Jakob und Liesbeth Kretschmer, kannten sich seit ihren Kindertagen. Die Eltern der beiden waren gute Bekannte und so wurde aus den gemeinsamen Kindertagen Ende der zwanziger Jahre mehr als nur eine lange Freundschaft. Gemeinsame Zukunftspläne entstanden und wahrscheinlich gab mein Erscheinen auf dieser Welt den letzten Ausschlag für die Hochzeit am 12. Dezember 1931. Gefeiert wurde im Seitendorfer Kretscham, der sich unterhalb des Kirchberges in der Dorfmitte befand. Im gleichen Haus war auch eine Fleischerei untergebracht. Es muss wohl eine schöne und ausgelassene Feier gewesen sein, bei der die zahlreichen Gäste sechsundachtzig Liter Pilsner tranken und zweihundertdreißig Zigaretten rauchten. Das jedenfalls geht aus der im Original erhaltenen Rechnung des Gastwirtes Rudolf Karsch hervor.

Es ist schon erstaunlich, dass ein solches Dokument und andere scheinbar nebensächliche Dinge die Hektik und Ratlosigkeit am Tag der Vertreibung aus Seitendorf überstanden haben. Auf der anderen Seite sind es gerade diese geretteten Sachen und Papiere, die uns heute helfen, das Leben und die Entscheidungen unserer Eltern zu verstehen.

Unser Vater hatte sich seit der Rückkehr von der Wanderschaft einen guten Ruf als Korbmacher erarbeitet. Obwohl er erst fünfundzwanzig Jahre alt war, hatte er einen festen Kundenstamm aus Seitendorf und den umliegenden Dörfern. Er war zuversichtlich, dass er als selbständiger Korbmacher eine eigene Familie ernähren konnte. Auf die Hilfe seines Vaters und der ganzen Familie konnte er sich immer verlassen.

Nachdem Großvater August mit Frau und Tochter in das Haus seines verstorbenen Bruders im Oberdorf gezogen war, konnte unser Vater das Elternhaus umbauen. Mit einem zweistöckigen Anbau wurde im Obergeschoss ein Laden eingerichtet, in dem Ausstellungsstücke zu sehen waren und der Verkauf der feinen Waren, wie Kinderwagen und Koffer, stattfand. Ich weiß, dass Vater auch Pläne hatte, den Verkaufsraum später in das Erdgeschoss zu verlegen. Für die Kunden wäre das günstiger gewesen, doch es sollte nie dazu kommen. Durch den Anbau wurde zusätzlicher Platz für eine Wohnstube und eine Küche geschaffen, so dass kurz nach der Hochzeit meiner Eltern unsere Großmutter Hulda zu uns in die Dorfstraße 193 zog.

In der Zeit der großen Arbeitslosigkeit war es nicht leicht, mit einem Handwerk eine sichere Existenz aufzubauen. Die Leute hatten wenig Geld und die meisten mussten zweimal überlegen, wofür sie es ausgaben. Wen wunderte es da, dass ein neuer Korb warten musste, wenn ein Kind in die Schule eintrat oder Konfirmation hatte. Und obendrein hatte es ihm so mancher Bauer im katholischen Seitendorf übelgenommen, dass Johann Jakob eine Protestantin, deren Familie aus Dornhennersdorf kam, geheiratet hatte. Nicht wenige mieden deswegen in den folgenden Jahren die Korbmacherei Jakob.

Meine Kindheit in Seitendorf war trotz der schwierigen politischen Weltlage eine schöne Zeit, an die ich gern zurückdenke. Die Demokratie in der Weimarer Republik geriet zu Beginn der dreißiger Jahre in immer größere Schwierigkeiten. Der Einzug der Nationalsozialisten in den Reichstag im Oktober 1930, einen Monat vor meiner Geburt, bedeutete den Anfang vom Ende der Republik. Es dauerte nur wenige Jahre, bis die Nazis am Ziel ihrer politischen Intrigen waren. Am 30. Januar 1933 ernannte Reichspräsident Hindenburg Hitler zum Reichskanzler. Nach dem Tod Hindenburgs am 2. August 1934 trat Hitler die Alleinherrschaft über Deutschland als Kanzler und Reichspräsident an.

Niemand konnte zu diesem Zeitpunkt ahnen, was in den nächsten zwölf Jahren in Deutschland passieren und welche Auswirkungen der Größenwahn Hitlers auf die Welt haben würde. Was für eine Bedeutung aber hatte die Veränderung der Weltordnung in Bezug auf das Schicksal jedes Einzelnen, auf das Schicksal der Familie Jakob aus Seitendorf, einem Dorf in der Oberlausitz?

Ich wurde in eine Zeit hineingeboren, die am Ende meiner Kindheit zu der schlimmsten des 20. Jahrhunderts gehörte. Es mag nach diesen Worten unwirklich klingen, aber für uns Kinder war die Welt in meinem Heimatdorf in Ordnung. Uns ging es gut. Wir hatten satt zu essen, viele Freunde und eine Familie, in der wir uns wohl fühlten. Ende der dreißiger Jahre hatte ich vier Geschwister, Günter, Ruth, Werner und Thea, die für manche Aufregung, aber nie für Langeweile sorgten. Von den Sorgen und Ängsten der Erwachsenen über die politische Lage oder gar über einen drohenden Krieg bekamen wir nichts mit.

Ich erinnere mich noch sehr gut an den Sommer nach dem Ende meines ersten Schuljahres, als ein Jeep mit hohem Tempo die Dorfstraße heraufkam und vor unserem Haus anhielt. Es war ein schöner warmer Tag mit wenigen Wolken am Himmel. Ich durfte mit meinen Geschwistern Günter und Ruth und ein paar Nachbarskindern im Garten spielen. Mutter war mit der Großmutter zum Friedhof gegangen, um nach dem Rechten zu sehen und die Blumen zu gießen. Aber der Vater war in der Werkstatt und konnte uns durch das geöffnete Fenster sehen. Das Auto hatte kaum gehalten, als vier oder fünf Männer in Uniform heraussprangen, das Gartentor aufrissen und gegen die Haustür schlugen. „Aufmachen!", schrie einer von ihnen so laut, dass wir Angst bekamen und hinter den Schuppen rannten. Niemand von uns hatte so etwas vorher schon einmal miterlebt. Durch das Fenster konnte ich hören, wie Schranktüren geöffnet und wieder zugeschlagen wurden, wie die Schubladen der Kommode aufgezogen und der Inhalt achtlos auf den Fußboden geworfen wurde. Niemand im Haus sprach ein Wort. Ich konnte meinen Vater nicht sehen. Ich weiß nicht, ob er in dem Moment wusste, was das alles zu bedeuten hatte.

Nach etwa einer halben Stunde hörte ich den selben Mann wie am Anfang vor der Tür sagen, „Mitkommen!". Vielleicht hatte er auch noch mehr gesagt. Ich stand wie versteinert im Garten und hatte das ungute Gefühl, dass gleich etwas Schlimmes passieren würde. Mit ängstlichem Blick sah ich, wie mein Vater wortlos aus dem Haus kam und in den Jeep einsteigen musste. Im nächsten Augenblick war das Auto verschwunden. Die Werkstatt war leer. Wir warteten alle ungeduldig auf Mutter, die auf dem Weg nach Hause war und dem Jeep begegnete. Sie konnte nicht ahnen, dass ihr Mann ein paar Minuten vorher von der Staatspolizei abgeholt wurde und in dem Auto saß.

Vater wurde in ein Gefängnis nach Dresden gebracht. Über ein halbes Jahr musste er Verhöre und Untersuchungen über sich ergehen lassen. Wenigstens durfte er hin und wieder einen Brief nach Hause schreiben. Der Inhalt wurde natürlich zensiert, aber für uns war es ein Lebenszeichen. Vater hat nie etwas Unrechtes getan, dafür war er im Herzen viel zu gut und hilfsbereit. Während er unschuldig im Gefängnis saß, hatten wir große Angst, dass er nicht zurückkommen würde. Immer wieder hörte man von Verhaftungen und Verurteilungen. Das Naziregime war gnadenlos gegenüber allen, die auch nur im Verdacht standen, nicht bedingungslos hinter Hitler zu stehen.

Ich erlebte Mutter in diesen Monaten oft verzweifelt. Sie musste stark sein, gemeinsam mit der Großmutter für uns Kinder sorgen, aber ich weiß auch, dass sie oft geweint und gebetet hatte. Eine große Hilfe waren die Nachbarn und Freunde. Sie haben sich die Sorgen angehört und uns Mut und Hoffnung gemacht. Alle haben wieder und wieder versucht, Erklärungen zu finden. Was konnte die Staatsmacht dem Vater vorwerfen? Was sollte er, ein einfacher Korbmacher aus einem Dorf in der Oberlausitz, getan haben? Wir haben bis heute nur Vermutungen. Immer wieder war Vaters Werkstatt ein Treffpunkt von Menschen aus dem Dorf, die über die Freuden und Sorgen des alltäglichen Lebens sprachen. Für seine Arbeit im Büro hatte er sich vor ein paar Monaten eine Schreibmaschine gekauft. Vermutlich haben die Männer bei der Hausdurchsuchung gehofft, Flugblätter oder andere staatsfeindliche Schriften zu finden.

Es war für uns alle ein Glück, dass letztlich die Gerechtigkeit siegte. Jeder kann sich vorstellen, wie froh und erleichtert die ganze Familie war, als im Frühjahr des nächsten Jahres der Vater wieder vor der Tür stand. Besonders für uns Kinder war die Welt wieder in Ordnung.

Wir lebten in unserer eigenen Welt und genossen jeden Tag, an dem die Sonne schien, an dem wir in der Schule etwas Neues lernten und den wir mit Geschwistern und Freunden beim Spielen verbrachten. Einen Spielplatz mit fertigen Spielgeräten, wie man ihn heute kennt, gab es im Dorf nicht, aber so etwas wurde auch nicht vermisst. Vieles war im Garten und in der Natur zu finden. Wir hatten in unserem Garten eine Kastenschaukel für die Kleinen, eine große Schaukel und eine herrliche Turnstange, an der ich gern herumturnte.

Die Übungen brachten mir später sogar einen Vorteil beim Baumklettern. Die Apfel- und Kirschbäume im Garten forderten uns geradezu heraus. Ich kletterte gern mit meinem Bruder Günter um die Wette. Wer war schneller auf der dritten Astgabel? Zum Stoppen der Zeit zählten wir einfach langsam bis Hundert. Meistens hatte ich die Nase vorn, was mich mächtig stolz machte. Klar war ich die Ältere, aber eben ein Mädchen. Günter hatte so seine Probleme mit dem Gleichgewicht. Auch wurde ihm beim Schaukeln im Garten, beim Bus fahren oder auf der Schiffschaukel zur Kirmes schnell mal übel.

Noch mehr Spaß machte es, Spielgeräte mit Phantasie selber zu bauen. So legten wir Vaters kurze Leiter über den Sägebock und fertig war die herrlichste Wippe der Welt, auf der viele Kinder gleichzeitig wippen konnten.

Von unserer selbstgebauten Leiterwippe gibt es ein schönes Foto mit fünf Jakobkindern. Günter und ich sitzen jeder auf einem Ende der Leiter, Ruth und Werner auf den beiden Seiten des Sägebocks und Thea lehnt als Jüngste ganz lässig in der Mitte an der Leiter. Das Foto ist eines der wenigen Kinderbilder, die während der Vertreibung mitgenommen und gerettet werden konnten. Wer dieses Bild sieht, kann sich gut vorstellen, dass es bei uns nie Langeweile gab.

Natürlich verbrachten wir nicht die ganze Zeit zusammen. Jeder hatte seine Freunde im Dorf und die Jungen hatten andere Interessen. Puppenspielen war Mädchensache. Vater hat uns einen wunderschönen Puppenwagen geflochten, der genauso aussah, wie die modernen, echten Kinderwagen, die in den Städten und Dörfern auf den Straßen zu sehen waren.

Die größeren Kinder hatten fast alle Fahrräder, die kleineren mit Tretrollern und Dreirädern ihren Spaß. Für die ersten wackligen Versuche auf dem Fahrrad eignete sich der Grasweg zum Richter Bauer, der direkt über unserem Garten begann, am besten. Stürze taten hier nicht so weh und wenn man mal nicht mehr bremsen konnte, ging es auf der anderen Seite wieder leicht bergan.

Ein Bach entlang des Gartens ist natürlich eine Verlockung für jedes Kind. Wasser zieht Kinder magisch an. So manches Mal bauten wir im Bach hinter dem Schuppen einen Damm, der das Wasser anstaute, und ließen Schiffchen aus Holzstückchen oder Papier fahren. Auf der anderen Bachseite konnten wir herrliche Höhlen und Buden in Nachbars Sträuchern bauen. Ein beliebtes Versteck waren Richters Sträucher, in denen wir nicht zu sehen, aber ganz sicher zu hören waren.

Auf dem Hof oder der Straße spielten wir mit Kreiseln, Tretrollern oder schoben uns gegenseitig in unserem Kastenwagen. Auch das Murmelspielen war äußerst beliebt. Reigenspiele wie 'Dornröschen hat ein schönes Schloss' spielten wir nicht nur in den Schulpausen, sondern auch zu Hause. Unsere Lieblingsbeschäftigung aber war es, alte Fahrradfelgen ohne Bereifung mit kleinen Stöckchen um die Wette die

Straße entlang zu kullern. Daran beteiligten sich oft alle Kinder der Nachbarschaft. Mit Geklapper und Gejohle ging es die Straße hoch und runter.

An anderen Tagen ritzten wir mit einem spitzen Stein Kästchen in den harten Belag des Weges und hopsten nach inzwischen vergessenen Spielregeln auf einem Bein kreuz und quer herum. Manchmal sehe ich heute Schulkinder, die sich mit Kreide Kästchen auf den Asphalt malen und mit der gleichen Freude wie wir damals dieses alte Spiel spielen. Beim Zusehen kommen die Erinnerungen an meine eigene Kindheit in Seitendorf hervor. Es sind schöne Bilder, die aus dem Gedächtnis lebendig werden.

Wir kannten viele Ballspiele, die wir miteinander, aber auch allein spielten. Hochwerfen, zuwerfen, gegen die Wand werfen, mit und ohne In-die-Hände-klatschen, der Varianten gab es viele. Auch Völkerball wurde leidenschaftlich gern gespielt. In der Nachbarschaft waren immer genügend gleichaltrige Mitspieler zu finden. Da brauchten wir nicht lange zu suchen.

Bei schlechtem Wetter mussten wir in der Stube oder in den anderen Zimmern des Hauses spielen. Selbst Vaters Werkstatt blieb davon nicht verschont, jedoch galten dort besondere Verhaltensregeln. Wenn wir die Ordnung seiner Arbeitsmaterialien und Werkzeuge zu sehr störten, kam es schon mal vor, dass wir nebenan weiterspielen mussten.

Wir hatten viele Spiele, einige davon noch aus Mutters oder Großmutters Kindheit, die immer sorgfältig behütet und aufgehoben worden waren. Leider mussten wir fast alle Spielsachen unserer Kindheit, von Generation zu Generation weitergegeben, während der Vertreibung in der Heimat zurücklassen. Auch so können Traditionen enden.

Ich erinnere mich an das schöne Tischkegelspiel mit handlangen Holzkegeln und einer silberfarbenen Metallkugel. Die Kugel bestand aus zwei unterschiedlich schweren Hälften, so dass sie nicht geradeaus, sondern im Kreis rollte. Es gehörte schon ein wenig Geschick und

Übung dazu, die Kugel so loszurollen, dass sie im großen Bogen auf die neun Kegeln traf. Mit viel Eifer, Spaß und Ehrgeiz, aber mit von Mutter überwachter Ordnung und Ruhe, wurde reihum gekegelt.

Da das Spiel viel Platz brauchte, wurde der große Esstisch abgeräumt, der später in der polnischen Kommandantur landete. Auch das schöne Wohnzimmerbild vom Vierwaldstädter See hatte es später den neuen Machthabern angetan und hing nach der Ausweisung über dem Schreibtisch des Kommandanten.

Winter ohne Eis und Schnee, Garanten für Kinderfreuden, war zu meiner Kindheit gar nicht vorstellbar. Die Schneemänner blieben oft tage- oder wochenlang stehen, ehe sie wegtauten. Wir bauten Schneehütten und ganze Schneehäuser, in denen wir drinstehen konnten. Der Feuerlöschteich war jedes Jahr zugefroren. Es wimmelte darauf von Schlittschuhläufern. Allerdings hatten wir keine Schlittschuhe wie sie heute üblich sind, sondern eiserne Kufen, die in Länge und Weite verstellbar waren und dadurch unter jeden Winterstiefel passten.

Hügelig war unsere Heimat und es gab viele Weiden. Die Zäune standen weit auseinander, so dass wir viele Rodelbahnen zur Auswahl hatten und immer diejenige mit dem besten Schnee nehmen konnten. Skier hatte fast jeder im Dorf und so verging kaum ein schöner Wintertag, den wir nach den Hausaufgaben nicht an der frischen Luft verbrachten. Stürze waren da nicht immer zu vermeiden. Ich erinnere mich, dass sich einmal der Klippel Heinz weit draußen hinter dem Gehöft vom Hermann Bauer ein Bein brach. Wir vier Jakobs, der Günter, der Werner, die Ruth und ich, versorgten ihn so gut wir es konnten, legten ihn auf mehrere, zusammengebundene Skier und zogen ihn so bis nach Hause. Das war schon aufregend.

Als die Tage wieder länger wurden und der letzte Schnee endlich getaut war, stand meist das Osterfest schon vor der Tür. Es ist das wichtigste Fest der Christen. Die Kreuzigung von Jesus Christus am Karfreitag und die Auferstehung am Ostersonntag sind hohe Feiertage im christlichen Kalender. Für die Kinder verband sich das Osterfest aber auch mit dem Tag vor Karfreitag, dem Gründonnerstag. Die Aufregung war schon am Abend vorher so groß, dass wir kaum einschlafen konnten. In Gedanken ging ich die Dorfstraße entlang und erinnerte mich ganz genau, bei welchem Haus es im vorigen Jahr besondere Leckereien gab.

Das Aufstehen fiel mir an diesem Tag mehr als leicht. Schnell in die Sachen, ein Teller Suppe zum Frühstück und schon stand ich mit den anderen Kindern auf der Dorfstraße. Mit einem Leinensäckchen um den Bauch zogen wir von Haus zu Haus und sangen immer wieder das Bettellied zum Gründonnerstag.

„Gun Murgen zun Grinndurschtche, gatt mer woas as Battelsäckel.

Lußt mich ne zu lange stihn, iech will a Häusel wetter gihn.

Kimmt ha ne raus, kimmt sie ne raus, do kimmt dr kleene

Junge raus und teelt de ganzen Brazeln aus."

Die vielen Süßigkeiten waren noch nicht gegessen, als am Ostersonntag schon der nächste Höhepunkt wartete, das Saatreiten. Bei dieser Tradition der katholischen Kirche segnete ein Pfarrer die Saat auf den Feldern und betete für eine gute Ernte. Nach dem Mittag versammelten sich die Bauern des Dorfes in Frack und Zylinder auf ihren geschmückten Pferden vor der katholischen Kirche.

Der Anblick der schönen Pferde faszinierte mich jedes Jahr neu. Ich kannte mich mit den verschiedenen Rassen nicht besonders gut aus. Ich erfreute mich mit den anderen Kindern an dem langen Zug mit über sechzig Pferden. Vorn fuhr der Pfarrer mit dem Kruzifix in einer Kutsche. Es dauerte eine Weile, bis der letzte Reiter an uns vorbeigeritten war. Da wir den Weg der Pferde kannten, brauchten wir nur eine Abkürzung zu nehmen und uns ein wenig zu beeilen, um den ganzen Zug noch einmal zu sehen.

Am Rande vieler Felder gab es kleine Altare und Wegkreuze. Vor jedem wurde angehalten, gesungen und gebetet. Den Abschluss bildete jedes Jahr die Predigt des Pfarrers am Eichberg unterhalb des Feldbauern. Das war immer sehr feierlich und viele Dorfbewohner ließen sich diese Besonderheit des Osterfestes nicht entgehen. Im Kloster St. Marienthal in Ostritz wird dieser Brauch noch heute gepflegt.

In unserem Haushalt gab es Sachen, die nicht für uns Kinder bestimmt und gerade deshalb reizvoll und interessant waren. Das Grammophon gehörte dazu. Es war schon etwas Besonderes, wenn die Großmutter die Schallplatten auflegte, und wir alle zusammen Volkslieder hörten und fleißig mitsangen. Manchmal, wenn etwas mehr Ruhe war - und besonders in der Weihnachtszeit-, spielte ich auf der Zither. Unmusikalisch waren wir alle nicht, aber später in den schwierigen Zeiten, als Vater im Krieg war, hatten wir einfach nicht mehr den nötigen Raum für intensives Musizieren.

Auch Vaters Schreibmaschine durfte ich nur mit seiner Erlaubnis benutzen. Er brauchte sie für die Abrechnungen und die Büroarbeit in der Korbmacherei. Ich fand es faszinierend, wie die langen Hebel mit den Buchstaben nach vorn schlugen und auf dem Blatt Papier ein Wort entstand. Interessanterweise machte es später auch meinen Enkeln großen Spaß, auf meiner Olympia-Schreibmaschine herumzutippen.

Unser Heimatdorf Seitendorf gehörte mit über 2700 Einwohnern und einer Länge von etwa vier Kilometern zu den größten Dörfern in der östlichen Oberlausitz. Es ist aber nicht nur der Größe des Ortes zu verdanken, sondern vor allem der Initiative von Bürgermeister Müller, dass im Niederdorf 1935 ein Volksbad entstand. Dazu musste der Hofteich entschlammt werden. Die angrenzende Wiese wurde für die Sanitäranlagen genutzt. Als etwas ganz Besonderes zur damaligen Zeit galt der Sprungturm mit Höhen von ein, drei und fünf Metern. Da konnten vor allem die Jungen ihren Mut beweisen. Das Becken war mit Steinen ummauert. Der Nichtschwimmerbereich war durch eine Kette abgetrennt und lief flach in einen Sandstrand aus. Wir trafen uns häufig gleich nach der Schule im Bad und machten dort manchmal sogar die Hausaufgaben. Oft musste ich meine kleineren Geschwister mitnehmen, die gefahrlos am Strand spielen und plantschen konnten.

Im Wasser waren ein drei Meter langer, dicker Holzbalken und zwei weitere, ebenso große, zu einem Kreuz gearbeitete Balken verankert. Die Holzbalken waren eine Spende unseres Vaters, gestiftet für das schöne Bad. Wir haben daran Schwimmübungen gemacht. Aber viel häufiger waren die Balken ein beliebter Treffpunkt, um zu reden und sich auszutoben.

Gleich neben dem Bad war der Sportplatz zum Springen und Laufen. Er wurde auch für den Schulsport genutzt, da es im Bad Umkleidekabinen und Toiletten gab.

Einmal wöchentlich trafen sich die Hitlerjugend und der Bund deutscher Mädel für zwei Stunden am Nachmittag. Jungen und Mädchen trieben Sport und machten Spiele. Bei schlechtem Wetter fanden die Treffen mit Basteln, Singen, Musizieren und Theaterspielen in den Räumen der Schule statt.

Das Toben im Schwimmbad und auf dem Sportplatz machte hungrig und durstig. Nur gut, dass die Konditorei Prescher direkt neben dem Bad ihren Laden hatte. Sie bewirtschaftete im Bad auch ein Gasthaus mit einer großen Terrasse. Kühle Limonade, selbst gemachte Torten, frischer Kuchen und leckeres Eis lockten uns immer. Wir hatten zwar meistens unsere eigene Verpflegung dabei, aber bei Preschers etwas zu kaufen, war ein besonderes Vergnügen.

Ganz in der Nähe wohnte mein Taufpate Benno Rönsch mit seiner Frau und der Tochter Käthe. Ich verstand mich mit der gleichaltrigen Käthe richtig gut, so dass wir uns häufig gegenseitig besuchten und auch über Nacht blieben. Von unserem Haus aus gesehen, hinter dem Volksbad, befand sich Hempels Fleischerei und Gasthaus, in dem es außer guter Wurst auch einen großen Saal gab. Hier wurden Dorffeste gefeiert, Veranstaltungen durchgeführt und Theaterstücke aufgeführt. Nur im Kretscham gab es noch einen weiteren Saal. Hempels Saal wurde auch als Kino genutzt. Feste Lichtspielhäuser gab es sonst nur in Hirschfelde und Reichenau. In unserem Kino wurden am Wochenende meist Heimatfilme gespielt, hin und wieder auch neuere Filme mit Marlene Dietrich, Greta Gabor und Clark Gable. 1941 war Heinz Rühmann als Held in ‚Quax der Bruchpilot' zu sehen. Es war wunderbar. Vor dem eigentlichen Film lief jedes Mal die Wochenschau, in der die Machthaber in Berlin ihre Propaganda abspulten.

Familienausflüge zu Ostern oder Pfingsten waren ganz besondere Höhepunkte. Mit dem Handwagen fuhren wir mit der Mutter und der Großmutter in den Tschau, den großen Wald, der zwischen Dornhennersdorf und Reichenau lag und bis in das Sudetenland reichte. Uns Kindern kam es so vor, als wäre der riesige Wald eingezäunt, da wir ihn durch ein großes schmiedeeisernes Tor betreten mussten. Im Wald gab es herrliche Heidelbeeren, Brombeeren und Pilze, die wir eimerweise sammelten. Besonders schön an diesen Ausflügen war, dass wir auf dem Rückweg in der Windschenke, einem kleinen gemütlichen Gasthof am Waldrand, weit weg vom Dorf, einkehrten. Dort bekam jeder von uns eine Limonade. Das war dann die Krönung eines schönen Tages.

Zurück in den Lebensalltag unserer und vieler anderer Familien in Seitendorf. Während die Väter im Kraftwerk, in der Grube oder als Handwerker, wie unser Vater, für ihre Familien sorgten, kümmerten sich die Frauen vor allem um die Kinder. Darüber hinaus leisteten sie durch Handarbeiten auch einen großen Beitrag zum Auskommen der Familie. Stricken, Schneidern und Nähen standen ganz oben auf der Liste der Arbeiten. Unsere Mutter war eine fleißige und geschickte Näherin. Auf ihrer gusseisernen Singer-Tretnähmaschine hatte sie früher zusammen mit der Großmutter die Umhänge und den gekräuselten Himmel für die vom Vater geflochtenen Stubenwagen genäht. Wenn sich die Aufträge häuften, kamen unsere Freunde, mein Taufpate Arno Bergner mit seiner Frau Hildegard und den Kindern Gisela, Helmut und Rosemarie, um mitzuhelfen. Auch unsere Kinderkleidchen, Hemden und Hosen wurden von ihnen selbst geschneidert. Die Jakobkinder waren an der gleichartigen Kleidung meist leicht zu erkennen.

Jeden Mittwochabend war Handarbeitstag. Dann trafen sich die ‚Strickfrauen' aus der Nachbarschaft reihum. Besonders interessant war es für mich, wenn sie alle zu uns kamen. Ich erinnere mich noch sehr gut an die Posselt-Schmied Frieda und Ernestine, die Hübner Alwine, die Münch-Bäcker Else, die Heidrich Anna mit ihrer Mutter Marie, die Breuer Rese und an die Brendler-Bauer Lisbeth. Heute klingt diese Art, wie die Namen ausgesprochen werden, ungewohnt. Für uns war das damals selbstverständlich.

Gingen Mutter und Großmutter am Strickabend zu einer der anderen Frauen, war ich als die Älteste das Kindermädchen für meine kleineren Geschwister. Meistens schliefen sie schon, so dass ich mir die Zeit mit Lesen oder Handarbeiten vertrieb. Manchmal spielte ich auch mit meinem ein Jahr jüngeren Bruder Günter Karten oder Brettspiele. Wenn Mutter und Großmutter spät nach Hause kamen, lagen wir alle schlafend in unseren Betten.

Eine andere weit verbreitete Beschäftigung war das Federnschleißen. Zur Vorbereitung wurden Gänsefedern in Bettbezügen auf den Ofen gelegt und vorgewärmt. Mutter, Großmutter, die Nachbarsfrauen und auch wir Kinder saßen um den großen Esstisch herum. Jeder hatte einen kleinen Haufen Federn vor sich. Niesen und Pusten war nach Möglichkeit zu vermeiden, ansonsten wäre alles durcheinandergeflattert. Wenn es doch mal passierte, war es für uns ein Riesenspaß. Das nachfolgende Einsammeln der leichten Federn wohl weniger. Jede einzelne Feder wurde vom Kiel geschlissen, also mit den Fingern von oben nach unten abgezupft und dadurch vom Kiel getrennt. Die ungeschlissenen Federn hatten wir von unseren eigenen Gänsen oder von größeren Bauernhöfen im Dorf gekauft. Meist dauerte so ein Federnschleißen mehrere Tage. Der Lohn waren neue Füllungen für warme Winterbetten.

Bei der Arbeit wurden die neusten Dorfgeschichten erzählt und viel gelacht. Zwischendurch gab es zur Stärkung Kaffee und Kuchen in der Küche. Am Leckersten waren für uns die mit Marmelade gefüllten Pfannkuchen, sogenannte Berliner, vom Münch Bäcker. Sehr gern mochten wir auch ein Gebäck, das sich Einback nannte. Bis zu zehn längliche Teile eines Milchbrötchenteigs wurden aneinandergelegt und einmal gebacken bis sie schön goldbraun waren. In Scheiben geschnitten und noch einmal gebacken oder geröstet wurde daraus knuspriger Zwieback.

Bei all diesen Erzählungen und Geschichten aus dem Lebensalltag darf nicht vergessen werden, dass sich Deutschland seit 1939 im Krieg befand. Im Radio oder in der Wochenschau, die im Kino vor dem Hauptfilm lief, wurde die deutsche Bevölkerung ständig über den Verlauf der Kampfhandlungen informiert. Aber das Geschehen spielte sich in den ersten Kriegsjahren weit entfernt von Seitendorf ab.

Das Leben verlief, zumindest aus Kindersicht, in geregelten Bahnen. Trotzdem wurden wir tagtäglich an den Krieg erinnert. Immer mehr Männer aus dem Dorf wurden zur Wehrmacht eingezogen. Für den Größenwahn Hitlers mussten sie ihr Leben einsetzen. Ich war gerade zehn Jahre alt, als unser Vater die Familie und seine Werkstatt verlassen musste. Wir sahen ihn nur noch im Fronturlaub, der anfangs ein oder zwei Wochen, gegen Ende des Krieges meist nur ein paar Tage oder Stunden dauerte.

Im letzten Kriegswinter 1944/45 kam die Front immer näher. Die Menschen aus den deutschen Ostgebieten flüchteten vor der herannahenden russischen Armee bei Eis und Kälte zu Fuß, mit Pferd und Wagen oder in überfüllten Eisenbahnzügen. Meist konnten sie nur das mitnehmen, was sie anziehen oder tragen konnten. Solche Flüchtlings-transporte, auch mit Verwundeten oder Gefangenen, musste Vater oft begleiten.

Als ein solcher Transport im Januar 1945 nördlich von Görlitz vorbei-fuhr, gelang es dem Vater für ein paar Stunden nach Hause zu kommen. Da wir alle nicht damit gerechnet hatten, war die Freude riesig. Jeder wollte den Vater umarmen und mit ihm sprechen. Er machte sich große Sorgen darüber, dass uns Ähnliches passieren könnte, wie den Menschen, die er täglich begleiten musste. Wie Recht er doch haben sollte!

Nach dem kurzen Wiedersehen war es ein schwerer Abschied, den man mit Worten kaum beschreiben kann. Vater sagte zu mir, „Pass gut auf Mama und die Kleinen auf. Du bist die Älteste." Natürlich konnten wir nicht wissen, dass es das letzte Mal sein würde, dass wir unseren Vater sahen. Aber eine unbekannte Angst und ein beklemmendes Ge-fühl waren wohl in jedem von uns.

Täglich kamen nun Flüchtlingstrecks, Frauen, Kinder und alte Leute, ebenso deutsche Soldaten auf dem Durchmarsch, die erschöpft und verängstigt waren und Quartier und Essen brauchten.

Am 18. März 1945 war meine Konfirmation. Es war wahrschein-lich die letzte Feierlichkeit in der evangelischen Kirche in Seitendorf. In den fünfziger Jahren wurde sie von den Polen abgerissen. Meine acht-jährige Schulzeit ging in diesen turbulenten Tagen des Frühjahres 1945 zu Ende. Die letzte Nachricht von unserem Vater war eine Karte vom 12. April 1945 aus dem Raum Guben, südöstlich von Berlin. Die Russen bereiteten die Schlacht um Berlin vor. In mehreren Offensiven stießen sie bis an Neiße und Oder vor. In diesem Kampfgebiet war der Vater im letzten Aufgebot Hitlerdeutschlands, dem Volkssturm, eingesetzt. Alle kampffähigen Jungen und Männer im Alter von vier-zehn bis über sechzig Jahren sollten verhindern, dass die Russen in der deutschen Reichshauptstadt einmarschierten und den Untergang des Deutschen Reiches besiegelten. Was für ein Wahnsinn in einer ausweglosen Situation, der noch einmal viele unschuldige Menschenleben gekostet hatte.

Wir können es heute leider noch immer nicht mit Gewissheit sagen, denken aber, dass unser Vater die Kämpfe überlebte und in russische Gefangenschaft kam. Zu Hause in Seitendorf warteten wir, wie viele andere Frauen und Kinder, auf die Rückkehr der Männer und Väter. Vergebens.

In der Nacht zum 9. Mai wurde im Nachbardorf Königshain noch immer gekämpft und geschossen, doch am Morgen war der Krieg vorbei. Zum Zeichen der Kapitulation und des Friedens hängten die Menschen weiße Tücher aus den Fenstern und an die Häuser. Alle waren froh und erleichtert, dass dieser furchtbare Krieg endlich zu Ende war. Keiner konnte in dem Moment ahnen, welches Schicksal uns unmittelbar bevorstand.

In den ersten Tagen nach Kriegsende zogen Russen und Mongolen durch unser Dorf. Sie trieben ununterbrochen große Herden von Pferden und Kühen in Richtung Osten vor sich her. Wehe, wenn diese Karawanen anhielten. Dann begann das Plündern, Rauben und Morden dieser häufig volltrunkenen Vandalen. Alle im Dorf hatten furchtbare Angst, junge Frauen mussten sich verstecken, unseren Nachbarn Reinhold Richter haben sie erschossen, weil sie seine achtzehnjährige Tochter nicht fanden. Ich sehe noch heute den erst zwölfjährigen Sohn Clemens, so alt wie unser Günter, wie er völlig geistesabwesend neben seinem toten Vater kniete und weinte. Ein paar Häuser weiter im Oberdorf erschossen die Russen einen alten taubstummen Mann, weil er keine Auskunft geben konnte. So ging es Tag für Tag. Es war einfach furchtbar. Bereits fünf Wochen nach Kriegsende kamen polnische Soldaten und Kommandeure ins Dorf, die die Macht übernahmen. Wir mussten uns nach den Russen wieder auf neue Verhältnisse einstellen, nichts ahnend, dass nach weiteren zwei Wochen alles ganz anders sein würde. Es gab zwar in den letzten Kriegsmonaten immer wieder Meldungen von Vertreibungen und Flucht von Deutschen aus Königsberg, Vorpommern und anderen östlichen Teilen des Reiches, aber dass Ähnliches in der Oberlausitz, weit entfernt von der polnischen Grenze, jemals passieren könnte, das war für uns unvorstellbar. Deshalb war wohl niemand auf den 22. Juni 1945 vorbereitet.

Der Sommertag war so strahlend schön wie die Ereignisse tragisch. Wir mussten unser Dorf bis zwölf Uhr mittags verlassen. Die Marschrichtung war ebenso vorgegeben wie die Menge der Sachen, die mitgenommen werden durften. Alle Dörfer östlich der Neiße wurden geräumt. Hunderttausende Deutsche aus der Oberlausitz, aus Nieder- und Oberschlesien wurden aus ihrer jahrhundertealten Heimat auf die Westseite der Neiße vertrieben. Was dort aus ihnen wurde, war den Polen egal. Für die Polen, deren Landsleute aus ihren Ostgebieten von den Russen ausgewiesen wurden, war die Vertreibung das Ergebnis des gewonnenen Krieges. Die Menschen in Seitendorf, Dornhennersdorf und Reichenau mussten wie viele andere den Preis für die wahnsinnige Idee Hitlers von der Weltherrschaft zahlen.

Aus der angestrebten Weltherrschaft wurde nach der bedingungslosen Kapitulation ein verkleinertes Deutschland. Die Grenzen des Deutschen Reiches von 1939 waren Geschichte. Die Lausitzer Neiße wurde zur neuen Ostgrenze Deutschlands erklärt. Das Eigentum der Deutschen, ihre Grundstücke, Häuser, Maschinen, Tiere und ihre persönlichen Sachen gingen praktisch über Nacht in den Besitz des polnischen Staates über. Wir durften an jenem 22. Juni nur so viel mitnehmen, wie jeder selbst tragen oder auf Handwagen ziehen konnte.

Noch schlimmer waren die Ungewissheit und die Angst, wie das Leben überhaupt weitergehen würde. Wie sollten wir, Großmutter, Mutter und sieben Kinder ohne ein Dach über dem Kopf, ohne Essen und fast mittellos in der Fremde leben? Unsere Mutter behielt an diesem Vormittag einen klaren Kopf und konnte sich auf die

Vorsorge ihres Ehemannes stützen. Vater hatte in den letzten Monaten seines Fronteinsatzes erlebt, was auf die Bevölkerung zukommen konnte, nachdem die Russen das Dorf besetzt hatten. Ich bin sicher, dass er in seinem letzten Urlaub mit Mutter darüber gesprochen hatte, was bei Notfällen zu tun war. Ich glaube aber kaum, dass er dabei auch an die Möglichkeit einer endgültigen Vertreibung gedacht hatte. Alle wichtigen Papiere, die das Grundstück, das Haus und die Familie betrafen, waren zusammengepackt und schnell mitgenommen.

Aber was sollten wir sonst noch retten? Wie viele Sachen passten in Rucksäcke, Ranzen und Handwagen? Schnell war klar, dass wir uns von vielen liebgewordenen und auch lebensnotwendigen Sachen trennen mussten. Der Kinderwagen war so vollgepackt, dass Horst kaum noch Platz zum Sitzen hatte. Er musste mit seinen knapp zwei Jahren noch gewickelt werden, was allein schon ein Problem werden sollte, da wir weder ausreichend Windeln hatten, noch brauchbare Waschgelegenheiten fanden. Nachdem alles Unverzichtbare irgendwo einen Platz gefunden hatte, reihten wir uns in den endlosen Strom der Vertriebenen ein. Die Dorfstraße in Richtung Westen führte direkt nach Hirschfelde an die Neiße. Während ich den Kinderwagen mit Horst vor mir herschob, zog Großmutter Hulda unseren schönen Kastenwagen. In diesem saß der vierjährige Helmut.

Günter, der älteste meiner vier Brüder, versuchte verzweifelt Vaters alten Fahrradanhänger in Gang zu kriegen. Vor dem Krieg hat unser Vater damit seine Körbe zu den Bauern in den Nachbardörfern gefahren. Da er seit Jahren nicht mehr benutzt wurde, war die Bereifung porös und die Felgen nicht mehr ganz rund. Zudem waren die Straßen durch die langen Viehkolonnen sehr schlecht geworden. Gefährliche Straßenränder und Schlaglöcher machten das Laufen zu einem nicht gerade einfachen Unterfangen. Die ganze Zeit lief Mutter vor uns her. Sie zog unseren Leiterwagen, auf dem die meisten Sachen verstaut waren. Meine anderen Geschwister, Ruth, Werner und Thea, liefen neben uns her, waren mal hinten, mal vorn zu finden. Alle waren so vollgepackt mit ihren persönlichen Sachen, dass mir bis heute unbegreiflich ist, wie die Kinder so viel tragen konnten.

Wir überquerten in Hirschfelde die Neiße und betraten westlich des Flusses das Gebiet der späteren Deutschen Demokratischen Republik. Nach der Gründung zweier deutscher Staaten im Jahr 1949 wurde die Neiße zum Grenzfluss zwischen Polen und der DDR.

Der 22. Juni 1945 war ein sehr heißer Sommertag, an dem wir nachmittags auch noch schutzlos auf der Landstraße nach Wittgendorf ein schweres Gewitter überstehen mussten. Klagen und Jammern half uns nicht weiter. Wir brauchten ein Dach über dem Kopf. Also liefen wir nach einer kurzen Rast weiter nach Wittgendorf. Wir waren jetzt etwa sechs Kilometer von Seitendorf entfernt und erreichten die lang gezogene Dorfstraße in der Nähe der Kirche im Oberdorf.

Während meine Familie auf der Straße wartete, rannte ich von Haus zu Haus, klopfte an den Türen und blickte in abweisende Augen von verängstigten Bewohnern. Niemand kann ihnen verdenken, dass sie von der Flüchtlingswelle überrascht und auch überfordert waren. Ich kann heute nicht mehr sagen, an wie vielen Türen ich um eine Unterkunft für eine Nacht gebettelt habe. Niemand war bereit eine neunköpfige Familie aufzunehmen.

Als die Angst und Verzweiflung immer größer wurden, ging ich den langen Weg zu einem weiteren Bauernhof hinauf. Ich stand auf dem Hof, in der Mitte dampfte der Misthaufen, vier Gebäude umrahmten den Innenhof. Vielleicht gab es auf einem großen Hof wie diesem noch am ehesten eine Möglichkeit zum Ausruhen und Übernachten. Ich klopfte an der großen hölzernen Haustür und wartete gespannt. Die Bauersfrau kam heraus und ich erzählte ihr, wie schon viele Male vorher, unsere Geschichte und die Erlebnisse des Tages. Als sie erfuhr, dass wir neun Personen seien, schlug sie die Hände über dem Kopf zusammen. Meine Hoffnung sank auf den Nullpunkt. Vielleicht hat sie mir das angesehen, ganz bestimmt aber meine Erschöpfung nach den vielen Stunden des Fußmarsches.

Niemals werde ich die Antwort von Frau Schnitter vergessen, die für uns so viel Glück und Erleichterung bedeutete. „Hier sind schon so viele, da habt ihr auch noch Platz." Tatsächlich waren schon an die fünfzig Flüchtlinge auf dem Hof, die alle ein Nachtlager im Stroh fanden. Darunter auch eine junge Frau mit ihrem zwei Tage alten Säugling. Auch heimkehrende Soldaten suchten ein Nachtquartier. Sie wirkten sehr erschöpft, da sie sich vor russischen Streifen verstecken mussten. Wenn sie den Russen in die Arme liefen, drohte die Gefangennahme und Verschleppung nach Sibirien.

In den folgenden Tagen versuchten die Schnitters das Chaos so gut wie nur irgend möglich zu ordnen. Viele Flüchtlinge bedankten sich für die Bleibe der ersten Nacht in der Fremde und zogen weiter. Noch hatte niemand wirklich begriffen, was in den letzten vierundzwanzig Stunden geschehen war. Schmerz, Trauer und Wut wurden verdrängt durch Angst und Ungewissheit vor der Zukunft.

Wir hatten das große Glück, dass wir auf dem Bauernhof bleiben durften. Wer weiß, ob zwei Frauen und sieben Kinder, Vertriebene aus dem eigenen Haus und Grundstück, irgendwo anders eine Unterkunft gefunden hätten. Auf jeden Fall wäre es ein anstrengender Marsch ins Ungewisse geworden, der uns, Gott sei Dank, erspart geblieben ist. Wir waren der Familie Schnitter unendlich dankbar. Niemand konnte damals ahnen, dass aus dem „Ja, dann bleibt erstmal hier!" fast zwanzig Jahre des Zusammenlebens werden sollten.

Die ersten Tage auf dem Bauernhof waren schwierig und weit entfernt von einem geordneten Leben. Es fehlte praktisch an allem. Keiner der Flüchtlinge hatte etwas vom Hausrat mitnehmen können. Geschirr, Essbesteck und Kochtöpfe wurden aus Schnitters Küche ausgeliehen, benutzt, wieder abgewaschen und der nächsten Familie weitergereicht.

Mutter half dem Bauern sofort bei der Feldarbeit. Es war der Beginn der Erntezeit. Währenddessen kümmerte sich Großmutter Hulda um uns Kinder und half der Schnitter-Oma bei der Essenszubereitung. Bis heute ist mir in Erinnerung geblieben, wie sie auf dem Arbeitstisch in der Bauernküche Nudelteig machte.

In der Mitte der Küche hing an zwei massiven Fleischerhaken eine Kinderschaukel. Natürlich wollte jedes Kind einmal schaukeln. Man kann sich vorstellen, welchen Lärm zwölf bis fünfzehn Kinder dabei machten. Ein wenig abgedrängt stand die Schnitter-Oma an ihrem Küchentisch und machte Nudeln, schälte Kartoffeln oder Möhren. Was diese Frau für eine Geduld hatte, wurde mir erst richtig bewusst, als später meine Enkel in meiner Küche standen.

Dank der großen Güte und Hilfsbereitschaft der Schnitters und der gegenseitigen Rücksichtnahme aller Flüchtlinge verliefen diese turbulenten ersten Tage nach der Vertreibung friedlich. Unser größtes Problem war der Hunger. Auch wenn wir gelegentlich von Schnitters einen Topf Milch oder Kartoffeln bekamen, zum Sattwerden reichte es nie. Von der Gemeinde wurden Lebensmittelkarten ausgeteilt. Jeder bekam eine tägliche Ration der wichtigsten Nahrungsmittel grammweise zugeteilt. Es war sehr wenig. Mutter hat beim Essen oft auf ihren Anteil verzichtet und uns so eine Extraration verschafft.

In den folgenden Sommermonaten war die Rollenverteilung schnell gefunden. Mutter arbeitete von früh bis spät auf dem Feld. Großmutter Hulda kümmerte sich um die Kinder und half der Schnitter-Oma im Haushalt und in der Küche. Ich war mit meinen fast fünfzehn Jahren die Älteste. Es war so viel geschehen in den letzten Wochen, dass ich das Gefühl hatte, meine Konfirmation lag schon ewig zurück. Dabei waren gerade einmal ein paar Monate vergangen. Mit einem Mal stand ich mit beiden Beinen mitten im wirklichen Leben. All die Dinge, die Mädchen in diesem Alter normalerweise interessierten und gern taten, waren weit weg. Ich musste Verantwortung übernehmen, vor allem für meine jüngeren Geschwister.

Meine Aufgabe war es, unser neues Leben, das wir uns nicht ausgesucht hatten, zu organisieren. Das Wichtigste war die tägliche Beschaffung von Lebensmitteln, aber auch an Hausrat und Kleidung musste gedacht werden. Jeden Tag hängte ich meinen Leinenbeutel über die Schultern, verabschiedete mich von der Großmutter und ging ins Dorf. Schon bald kannte ich mich in Wittgendorf gut aus und wusste genau, wo großherzige Leute wohnten, die von dem Wenigen, was sie selbst besaßen, noch etwas abgaben. Schnell merkte ich mir auch die Haustüren, wo man höchstens einen mitleidigen Blick oder das Furcht einflößende Gebell des Kettenhundes zu sehen und zu hören bekam.

Meist waren es die wohlhabenderen Familien, die nicht bereit waren, mittellosen Flüchtlingen in den schwersten Tagen zu helfen. „Ihr Zigeunerpack! Wir sind nicht schuld an eurem Unglück, so helft euch selbst!" Mir war oft zum Heulen zumute. Auch wir waren nicht schuld daran, dass ich jeden Tag betteln gehen musste. Auch wir hatten ein Haus mit allem, was man zum Leben brauchte. Man hat uns daraus vertrieben und alles weggenommen. Jammern und Klagen half nichts. Wir mussten unser Leben neu aufbauen. Was blieb uns anderes übrig.

Am Ende des Dorfes in Richtung Zittau gab es eine Wassermühle mit einer eigenen Bäckerei. Dort wurde mit frisch gemahlenem Mehl ein herrlich duftendes Brot gebacken. Ich liebte diesen Duft und bekam jedes Mal einen Riesenhunger. Ich war stolz, wenn ich von den großzügigen Leuten hin und wieder einen Kanten Brot oder die Ränder von Streuselkuchen ergattern konnte. Anderswo gab es ein paar Möhren, Zwiebeln oder Kartoffeln und wenn ich viel Glück hatte, auch mal einen Becher Quark. Die Hauptsache war, dass der Beutel nicht leer war, wenn ich am späten Nachmittag zu meiner Familie zurückkam. Als das Getreide abgeerntet war, ging ich mit meinen

Geschwistern zum Ährenlesen auf die Felder. Da wir jeder nur ein paar Schuhe hatten und diese geschont werden mussten, blieb uns nichts anderes übrig, als barfuß zu gehen. Zu den schmerzenden Füßen kam noch der strapazierte Rücken hinzu. Vergnügen war das keines, aber die Aussicht auf eine sättigende Mehlsuppe zum Frühstück ließ uns auch diese Probe bestehen. Und nach den Getreidefeldern kamen die Kartoffelfelder. So trugen wir letztlich alle, jeder nach seinen Möglichkeiten, zur Versorgung der Familie bei. Wenn jemand mit etwas Glück auf den Kuhweiden frische Champignons gefunden hatte, gab es Abernmauke, wie bei uns der Kartoffelbrei hieß, mit Pilzen.

Wir durften uns in der kleinen Stube neben der großen Bauernküche einrichten. Fehlende Möbel wurden aus anderen Räumen ausgeliehen und ergänzten so das bereits vorhandene Mobiliar. Haushaltsgegenstände haben wir vielfach als gebrauchte Sachen im Dorf gekauft.

Einmal oder zweimal die Woche ging ich nach Zittau und kaufte in den großen Geschäften Geschirr, Besteck, Nähzeug und vieles mehr, was unsere große Familie tagtäglich brauchte. Busse fuhren in dieser Zeit noch keine und die Fahrräder standen in Seitendorf, auf der anderen Seite der Neiße. Diese auf der Flucht mitzunehmen, wäre ein zu großes Hindernis gewesen. Fahren war sowieso nicht möglich, und was konnten wir auf dem Rad schon mitnehmen. Zudem war es nicht einfach, die Fahrräder auch wirklich über die Neiße zu schaffen. Ich habe gesehen, wie sie den Flüchtlingen vor uns von den Polen weggenommen wurden.

Zittau war mir nicht fremd. In der Stadt wohnten Verwandte, die wir früher gelegentlich besuchten. Zu besonderen Anlässen oder bei größeren Anschaffungen fuhr man ,in die Stadt', wie es die Leute vom Dorf nannten. Als ich älter war, durfte ich Mutter manchmal begleiten. In den letzten Kriegsjahren fuhr ich öfter allein nach Zittau, um kleinere Besorgungen zu erledigen. Für Mutter war es eine große Hilfe, da sie durch die kleineren Geschwister nicht immer die Zeit dazu hatte. Ich machte es gern. In der für mich großen Stadt gab es immer etwas Neues zu entdecken. Nachdem ich alle Aufgaben erledigt hatte, blieb meist noch etwas Zeit bis zur Rückfahrt. Ich vertrieb sie mir mit einem Schaufensterbummel oder einem Besuch bei Tante Liesbeth und Onkel August in der Franz-Könitzer-Straße. Onkel August war ein Bruder unseres Großvaters Johann Kretschmer, der aus dem ersten Weltkrieg nicht wieder heimgekehrt war.

Die Fahrten nach Zittau machten nicht nur Spaß, sondern brachten mir auch eine Selbständigkeit, die sich nach der Vertreibung als sehr nützlich erweisen sollte. Als ich jetzt, nach Kriegsende, wieder nach Zittau kam, hatte sich einiges verändert, aber die meisten Geschäfte hatten den Krieg glimpflich überstanden. Das Warenangebot war weniger geworden. Für mich hatte sich allerdings viel geändert. Ich kam nicht mehr bequem mit dem Linienbus nach Zittau gefahren, sondern auf den eigenen Füßen die zehn Kilometer über den Sandweg von Wittgendorf über Eckartsberg.

Mit dem wenigen Geld kaufte ich dringend benötigte Sachen für die Hauswirtschaft und Lebensmittel. Woher das Geld kam, wusste ich nicht. Vielleicht hatte Mutter mit den geretteten Papieren auch etwas Bargeld oder das Sparbuch mitgebracht. Oder sie bekam etwas für die Arbeit auf den Feldern. Auf dem Rückweg kaufte ich in der Fleischerei Kaspareck ein wenig Wurst. Dort hatte der Gold Hans das Fleischerhandwerk gelernt. Er war als Waisenkind bei unseren Großeltern aufgewachsen. Wir haben oft zusammen gespielt, da er nur ein paar Jahre älter war als ich. Wir haben uns nicht mehr gesehen, seit er in den Krieg musste. Später erfuhren wir, dass er in Rumänien vermisst wurde. Endgültige Gewissheit gab es nie. In Gedanken versunken, ging ich weiter zur alten Molkerei auf der Leipziger Straße. Dort gab es einen in Papier eingewickelten Klumpen Quark. Letzte Station war dann die Stadtgärtnerei in Eckartsberg. Ich kaufte vom restlichen Geld einen

Kohlkopf, einen Blumenkohl oder eine frische Gurke. Querfeldein begann der lange Rückweg mit einem steilen Anstieg. Auf der Kuppe, wo hinter den Häusern die Felder anfingen, konnte ich schon bald den Kirchturm von Wittgendorf sehen. Vollgepackt quälte ich mich über sechs lange Kilometer bis zum Bauernhof der Familie Schnitter. Meine Arme wurden immer länger und Blasen an den Füßen waren keine Seltenheit. Der Glaube und die Gewissheit, es für meine Familie, für die Mutter, die Großmutter und meine sechs kleineren Geschwister zu tun, gaben mir die Kraft und den Mut, die Schwierigkeiten und Anstrengungen zu bewältigen.

Täglich gab es neue Parolen und Gerüchte; dass wir bald wieder nach Hause könnten; dass alles nur ein Irrtum war; dass bei den Politikern die Vernunft und die Einsicht siegte; dass man nicht Millionen Menschen aus ihrer Heimat vertreiben konnte. Das verlorene Land war die eine Seite, aber hier ging es um Menschen, die keine Schuld am Krieg und am Leid anderer hatten. Aber es gab keine Einsicht und kein Zurück. Mit jedem Tag, der verging, wurde das Unfassbare zur Realität. Jeder kennt den Satz: ‚Die Hoffnung stirbt zuletzt‘. Auch wir hatten gehofft, dass wir eines Tages wieder in unser Haus und die Korbmacherei zurückkämen und uns dort der Vater erwarten würde.

Natürlich wollten wir wie alle anderen auf diesen Tag vorbereitet sein. Der Gedanke, wie es im Haus und im Dorf jetzt aussah, beschäftigte alle. Schon wenige Tage nach der Ausweisung gingen die ersten Vertriebenen heimlich zurück. Es war ein gefährlicher Marsch, den man nur nachts riskieren konnte. Wer erwischt wurde, kam für mehrere Tage ins Gefängnis oder bezahlte mit seinem Leben. Die Rönsch Frieda und die Meusel Martha, die wie wir bei Schnitters untergekommen waren, wollten in ihren Häusern nach dem Rechten sehen. Auf dem Rückweg konnte man ein paar Sachen mitnehmen, die dringend gebraucht wurden. An einem nebligen Septembertag ging ich mit den zwei Frauen das erste Mal ‚durch die Neiße‘, wie es alle nur nannten. Es wollte an diesem Tag gar nicht richtig hell werden. Die Herbstsonne, die wir an jedem anderen Tag genossen, meinte es in diesem Fall gut mit uns und ließ sich nicht blicken.

Entlang der Grenze waren Patrouillen unterwegs. Polnische Soldaten bewachten das östliche Ufer der Neiße zwischen den zwei erhalten gebliebenen Brücken im Neißetal. Wir warteten an der Brücke, bis die Soldaten umkehrten und im dichten Nebel verschwanden. In dem Moment liefen wir so schnell wir konnten über die klapprige Brücke den steilen Hang hinauf und versteckten uns im Gebüsch. Ich spürte mein Herz bis zum Hals schlagen. Die beiden Frauen versuchten sich zu orientieren und suchten den besten Querfeldeinweg nach Seitendorf. Als alles ruhig blieb, gab die Meusel Martha das Zeichen „Kommt, lauft!" Wir fanden eine gute Route, die immer wieder Schutz zum Verstecken bot.

Ich bin diesen Weg später oft gegangen, sowohl tagsüber als auch nachts. Meist gingen die Menschen in Gruppen von zehn bis zwanzig Leuten. Ich erinnere mich daran, dass bei einer Gruppe nachts eine junge Frau dabei war, die ihren Säugling in einem Brusttuch mitnahm. Wir hatten große Angst, dass das Kind aufwachen und uns alle verraten könnte. Wer an der falschen Stelle den Fluss überquerte oder im knietiefen Wasser nicht aufpasste, geriet schnell in einen gefährlichen Strudel. Manch einer hat dies mit dem Leben bezahlt. Später gingen wir fast nur noch mit einem Führer, der sich gut auskannte und gelegentlich mit den polnischen Soldaten gemeinsame Sache machte. Der Weg vom Neißetal bis hinauf ins Dorf war anstrengend. Als ich die Dächer der ersten Häuser im Niederdorf erblickte, war ich erleichtert und freute mich sogar ein wenig. Wieder zu Hause! Wenn auch nur für kurze Zeit. Als wir aber die Dorfstraße entlang zu unserem Haus gingen, verschwand die Freude aus meinem Gesicht. Entsetzen und Furcht breiteten sich aus. Türen und Fenster standen offen oder waren zerstört worden. Nach nur drei Monaten waren die unbewohnten

Häuser und Grundstücke verwildert und verwahrlost. Plünderer hatten die für sie wertvollen Sachen gestohlen und den Rest zertreten und beschmutzt. Auch in unserem Haus herrschte Chaos. Mit Tränen in den Augen wusste ich nicht, was ich machen sollte. Eine innere Stimme sagte mir, dass ich aufräumen müsse, weil ja bald meine ganze Familie zurückkäme.

Martha und Frieda packten so viel sie tragen konnten zusammen und gingen nach ein paar Tagen zurück nach Wittgendorf. Sie hatten ihre kleinen Kinder bei den Großeltern zurückgelassen. So blieb ich allein in Seitendorf und versuchte alles in Ordnung zu bringen. Da ich Angst hatte, nachts allein im Haus zu bleiben, schlief ich bei den deutschen Nachbarn, die in Seitendorf geblieben waren. Die Schützes, die Posselts in der Schmiede, die Post Marie und Peter, Vaters Geselle in der Korbmacherei, durften vorerst bleiben. Von den Polen waren in den ersten Monaten nach der Vertreibung nur Besatzungstruppen im Dorf. Erst später kamen polnische Familien, die von den Russen aus Ostpolen vertrieben wurden.

Die Deutschen wurden gebraucht, um das Leben im Dorf aufrechtzuhalten. Damit die Soldaten sie von den ankommenden Polen unterscheiden konnten, mussten alle Deutschen weiße Armbinden tragen. Von einundzwanzig Uhr bis in die frühen Morgenstunden durften sie ihre Wohnungen nicht verlassen. Die Häuser wurden mit weißen Markierungen versehen, als Zeichen dafür, dass hier noch Deutsche wohnten. So blieben diese weitestgehend von Plünderungen verschont.

Die Tage waren gefüllt mit den verschiedensten Arbeiten. Als Dank für das sichere Nachtlager half ich den Nachbarn im Haushalt und im Garten. In der übrigen Zeit kümmerte ich mich um unser Haus. Ich beseitigte die Folgen der Plünderungen und Verschmutzung und versteckte die wertvolleren Sachen auf dem Boden oder in schwer zugänglichen Hausecken. Da unser Haus kein weißes Kennzeichen hatte, kam es immer wieder vor, dass am nächsten Morgen die Türen offenstanden. Dann ging ich mit einem bangen Gefühl und unsicheren Schrittes hinein und betete, dass es nicht so schlimm sein möge.

Ich kann heute nicht mehr sagen, warum, aber am meisten ärgerte mich schmutzige Wäsche. Nach einem nächtlichen Besuch von Fremden waren alle Schränke und Kommoden durchwühlt. Die Hemden, Hosen und Handtücher lagen auf dem Fußboden. Achtlos waren die Plünderer mit ihren dreckigen Schuhen darüber hinweggestampft. Ich räumte am nächsten Tag die Sachen, die die Aktion heil überstanden hatten, wieder sorgfältig in die Schränke. Schmutzige Wäsche musste gewaschen werden. Mir bleib nichts anderes übrig, als meine ersten selbständigen Versuche des Wäschewaschens zu unternehmen.

Auf mich allein gestellt, aber mit guten Ratschlägen der Post Marie, die auch noch etwas Waschpulver übrighatte, feuerte ich den großen Waschkessel im Hinterhaus und kochte die Wäsche. Zum Glück hatte ich Mutter schon so manches Mal, wenn auch nicht immer mit Begeisterung, geholfen. In dem Moment war ich ihr dankbar.

Auch wenn die Gerüchte um eine baldige Rückkehr nicht verstummten, es war Tatsache, dass meine Familie in Wittgendorf in der kleinen Stube der Bauernfamilie Schnitter lebte und die einfachsten Dinge des täglichen Lebens vermisste. Also packte ich mehrmals in der Woche gewaschene Wäsche, Geschirr, Töpfe, Nähzeug und vieles mehr auf den großen Stubentisch und verstaute so viel als möglich im Rucksack und in Taschen. Nachts machte ich mich dann mit anderen auf den gefährlichen Weg durch die Neiße. Ich kam mir manchmal vor wie ein Dieb, nur mit dem Unterschied, dass ich dabei war, unsere eigenen Sachen zu stehlen. Wenn ich Glück hatte, konnte ich die Taschen, mit Namen und Wohnort versehen, im deutschen Teil von Hirschfelde bei fremden Leuten abgeben und in derselben Nacht wieder zurückgehen. Am nächsten Tag hat Mutter unsere Sachen dort abgeholt. Die

Strapazen waren enorm, aber ich konnte der Mutter und meinen kleinen Geschwistern helfen. Es war dieses gute Gefühl und die Freude und Dankbarkeit in ihren Augen, die mich dies alles durchstehen ließen.

Ende des Jahres kamen immer mehr Polen ins Dorf. Im Nachbarhaus wohnte inzwischen ein Pole. Allein konnte er das Haus und den Garten nicht in Ordnung halten, deshalb zogen die Schützes, die immer ein gutes Verhältnis zu meinen Eltern hatten, mit in das Haus ein. Der Pole war freundlich zu den Deutschen und half uns so manches Mal bei Streitigkeiten mit der neuen polnischen Dorfverwaltung.

Eines Tages kam dann eine junge polnische Familie mit zwei Kindern ins Dorf und übernahm einen großen, verlassenen Bauernhof. Auf dem Hof gab es noch zwei Kühe und ein Pferd. Ich kannte den Hof gut und wusste, dass vor der Vertreibung über zwanzig Kühe und fünf Pferde die Ställe bewohnten. Die junge Familie war mit dem Polen im Nachbarhaus befreundet. Und so fragte er mich, ob ich nicht auf dem Bauernhof arbeiten wolle. Von da an arbeitete ich für diese Familie und bewohnte ein kleines Zimmer im Bauernhaus. Ich machte alle Arbeiten, die über den Tag anfielen. Die meiste Zeit passte ich auf die Kinder auf.

Durch meine nächtlichen Familienbesuche war ich tagsüber manchmal sehr müde. Ich konnte das nicht immer verbergen und eines Tages fragte mich die junge Frau, ob ich krank wäre. Ich erzählte ihr unser Schicksal und zeigte ihr unser Haus im Oberdorf. Sie hatte großes Verständnis für meine Lage, wohl auch deshalb, weil sie ein ähnliches Schicksal erleiden musste. Manchmal packte sie mir für meine nächsten Touren einen Rucksack mit Butter, Speck, Brot und Mehl, sogar Wäsche und ein Federbett hatte sie für uns beschafft.

So gab es in all den Monaten, die ich allein in Seitendorf bei der polnischen Familie lebte, Freud und Leid gleichermaßen. Ich erinnere mich an einen deutschen Juden, der aus dem Konzentrationslager geflohen war und nach Polen gegangen war. Auch er stand den rechtlosen

Deutschen immer wieder bei, wenn sie zu sehr bedrängt wurden. Später hatte er die Schütze Käthe geheiratet und ist 1957 mit ihr und den fünf Kindern nach Israel ausgewandert. Seine Familie war in Auschwitz umgekommen. Es war sein Glück, dass er sich rechtzeitig zur polnischen Armee absetzen konnte.

Wie sagt man so allgemein? Geschichte wiederholt sich. Ich habe das genau ein Jahr und einen Monat nach der ersten Vertreibung der Deutschen aus den Dörfern östlich der Neiße am eigenen Leib erfahren müssen. Am 22. Juli 1946 wurden wir von der polnischen Miliz mit dem Befehl geweckt, das Dorf sofort zu verlassen. Nur noch wenige Handwerker und Ärzte mussten bleiben. Und wieder durften wir nur so viel mitnehmen, wie jeder tragen konnte. Manche dachten an eine Flucht durch die Neiße zu den Familien oder Bekannten auf der anderen Seite. Aber die Grenze wurde inzwischen sehr streng bewacht, ein Durchkommen war fast unmöglich. Offenbar hatten die Polen einen anderen Plan zur Ausweisung der restlichen Deutschen. Eine unkontrollierte Flucht jedes Einzelnen wollte oder konnte man sich nicht mehr leisten.

Wir mussten an diesem heißen Sommertag die dreißig Kilometer bis nach Görlitz laufen. Dort erwarteten uns polnische Soldaten und ein mit Stacheldraht umzäuntes Lager. Die Bedingungen waren katastrophal. Toiletten gab es keine, dafür mussten ein paar einfache Balken außerhalb des Lagers dienen. Nach ein paar Tagen ging es weiter nach Moys, wo wir weitere Tage im Freien auf einen Güterzug warteten. Wieder war es da, das Gefühl der Angst und der Ungewissheit, was als nächstes passieren würde. Es wurde noch schlimmer, als wir endlich in den Viehwaggons saßen, aber in Richtung Osten fuhren.

Die polnischen Soldaten spielten mit unserer Angst und sagten, es ginge nach Sibirien. Zum Glück stellte sich das kurze Zeit später als ein Scherz auf unsere Kosten heraus. Der kleine Ort Kohlfurt östlich von Görlitz wurde bei der Vertreibung 1946/47 zu einem wichtigen

Eisenbahnknotenpunkt. Dort wurden die aus ganz Schlesien ankommenden Waggons zu einem langen Zug zusammengekoppelt und auf die Fahrt in den Westen vorbereitet.

Zeit des Wartens ist meistens lang. Mir erschien sie an diesem Tag in Kohlfurt besonders lang, ja scheinbar still zu stehen. Ich mochte mir nicht vorstellen, was alles noch passieren könnte. Wir mussten Seitendorf verlassen. Wir wurden zum zweiten Mal ausgewiesen. Und nun standen wir in Kohlfurt, östlich der Neiße, nur wenige Kilometer von der deutschen Grenze entfernt und hatten keine Ahnung, in welche Richtung es weiterging.

Nach mehreren Stunden der Anspannung setzte sich der Zug endlich in Bewegung. Nach Westen! Erleichterung machte sich breit, aber keine Freude. Erst als der Zug über die Grenze bei Weißwasser fuhr, drehten sich die Gespräche der Menschen wieder um die Zukunft. Die Hoffnung auf eine Rückkehr in die Heimat war von diesem Tag an endgültig erloschen. Nach der Kapitulation der Nazis war Deutschland von den Siegermächten in vier Besatzungszonen aufgeteilt worden. Die russische Zone reichte von der polnischen Grenze bis zum Harz und Thüringer Wald.

Der Zug mit den Vertriebenen aus Schlesien bewegte sich langsam durch die russische Zone in Richtung Westen. Die teilweise zerstörten Gleise waren nur notdürftig repariert worden, sodass wir tagelang nur im Schritttempo vorankamen. Die Bedingungen in den Waggons waren schwierig. Es war eng und stickig, die Sanitäranlagen eine Katastrophe. Die Behörden bemühten sich, uns mit Essen und Trinken zu versorgen. Alle hatten großen Hunger.

Vier Wochen dauerte die Fahrt in das Ungewisse, in das neue Leben, was irgendwo in Deutschland auf mich wartete. Viel Zeit zum Nachdenken. Als fünfzehnjähriges Mädchen machte ich mir wenig Gedanken darüber, warum alles so gekommen war oder ob ich etwas falsch gemacht hatte. Ich lebte trotz allem in der Gegenwart. Ich war anderen

Menschen ausgeliefert, die mir gleich sagen würden, wie mein Leben weiter verlaufen sollte. Natürlich hatte ich Angst vor dem, was als nächstes passieren würde. Aber in dem zurückliegenden Jahr in Polen war ich älter und reifer geworden. Ich hatte viel erlebt, musste Entscheidungen treffen und meinen eigenen Weg suchen.

Ich lag mit vielen anderen Leuten im Waggon. Endlose Stunden des Wartens. Ich dachte an meine Familie in Wittgendorf, die noch immer nicht wusste, wo ich war. Für Mutter und die Geschwister hatte sich das Leben nach der Vertreibung neu geordnet. Sie hatten eine Wohnung und Arbeit gefunden. Für Günter, Werner, Ruth und Thea ging das erste Schuljahr in neuer Umgebung zu Ende. Das Lachen und die Freuden der Kindheit waren zurückgekehrt, wenn auch unter einfachsten Bedingungen. Aber unser Vater fehlte noch immer. Niemand hatte die Hoffnung auf seine Rückkehr aufgegeben. Immer wieder kamen Männer aus der Gefangenschaft zu ihren Familien zurück.

Inzwischen hielt der Zug wieder auf freiem Feld. Wir konnten nur warten. Aber worauf? Dass es endlich weiterging; dass wir irgendwo ankamen; dass diese Ungewissheit aufhörte. Ich dachte an die polnische Familie in Seitendorf, wo ich fast ein Jahr verbrachte. Ich mochte die Kinder mit ihrer Lebensfreude, wohl auch deshalb, weil sie mich an meine kleinen Geschwister erinnerten.

Der Zug fuhr an und überquerte kurze Zeit später die Grenze zur britischen Besatzungszone. Das Ortsschild auf dem ersten Bahnhof werde ich nicht vergessen: UELZEN bei Lüneburg. Für den langen Zug, der in Kohlfurt zusammengestellt wurde, war hier Endstation. Wir blieben in den Waggons. Es wurde viel rangiert. Am Ende des Tages standen mehrere Züge bereit, um in die verschiedensten Richtungen weiterzufahren.

Ich weiß nicht, ob es von britischer Seite einen Plan zur Aufteilung der Vertriebenen gab. Ich vermutete, dass es reiner Zufall war, dass unser Waggon am nächsten Tag in Siegen in Westfalen ankam. Dort konnten wir nach über vier Wochen endlich aussteigen. Ich war froh, dass ich mich wieder richtig waschen konnte. In einer Kaserne gab es etwas zum Essen. Vorsorglich wurden wir alle mit weißem Pulver eingestäubt. Die Gefahr, dass sich unter den schlechten Bedingungen der letzten Wochen Läuse ausgebreitet hatten, war groß. Gott sei Dank hatte ich keine.

Es wurde schnell klar, dass der Stopp in Siegen nur dazu diente, uns nach den Strapazen wieder körperlich aufzubauen. Wir ließen unsere wenigen persönlichen Sachen im Waggon zurück, der anschließend verplombt wurde. Trotzdem suchte ich nach der Rückkehr meinen kleinen Koffer vergebens. Meine letzte Habe von zu Hause blieb verschwunden. Ich hatte nichts mehr. Mir blieben die Sachen, die ich am Körper hatte und ein kleiner Topf mit Essbesteck. In meiner Handtasche, die ich immer bei mir trug, rettete ich wenigstens ein paar Fotos aus der Heimat.

Und weiter ging es kreuz und quer durchs Sauerland. Von einem Durchgangslager ins andere. Von Plettenberg nach Meschede, Schloss Bamenohl, Finnentrop, Frielentrop bis nach Olpe. In Schulen, größeren Räumen und Sälen schliefen die vielen Menschen auf dem Fußboden. Niemand in den Behörden wusste so recht, wohin mit den Vertriebenen und Flüchtlingen. Hinzu kam, dass auch aus den zerbombten Städten viele Menschen evakuiert werden mussten, da sie ohne Wohnung und Bleibe waren.

Unter all den unglücklichen Menschen war ich als fünfzehnjähriges Mädchen ganz allein. Manchmal kam es mir so vor, als ob ich ein bekanntes Gesicht aus Seitendorf oder Dornhennersdorf entdeckte. Aber es waren keine Bekannten, mit denen ich über meine verzweifelte Lage sprechen konnte. Ich war glücklich, als ich eine Gelegenheit fand, meiner Mutter einen Brief schreiben zu können. So konnte ich meinen Lieben zu Hause endlich mitteilen, wo ich war und wie es mir ergangen war. Ich konnte mir nur zu gut vorstellen, was sie für schreckliche Tage der Angst durchgestanden hatten.

Das Lager war voll mit Menschen, die unterschiedlicher nicht sein konnten. Da waren viele Frauen mit Kindern, die ihre Ehemänner im Krieg verloren hatten. Aber auch ältere Frauen, die allein waren, getrennt von ihren Kindern, die selbst schon Familien hatten und eigene Wege gingen. Nur selten traf ich Ehepaare, die den Krieg gemeinsam überlebt hatten und nun genauso mittellos in der Fremde standen wie ich.

Es gab nicht viele junge Mädchen, die in einer ähnlichen Situation waren. Vielleicht hat mir das sogar geholfen, denn ich bekam kurze Zeit später, nach mehreren Nachfragen, vom Arbeitsamt eine Adresse von einer Familie, die eine Haushalthilfe suchte. Der Ort hieß Eichen und war nur wenige Kilometer von Olpe entfernt. Aber wie sollte ich hinkommen? Eine fremde Frau hörte sich mein Problem an und hatte Mitleid. Sie gab mir ein paar Reichsmark. Es reichte für die Zugfahrt nach Eichen. Das Warten und Umsteigen störten mich dieses Mal kaum. Ich war voller Hoffnung, dass ich, wie schon in Seitendorf, eine Familie finden würde, bei der ich die nächste Zeit wohnen und arbeiten konnte.

Ich hatte ein gutes Gefühl, als ich den Bauernhof sah und die Gasse hinaufging. Mit einigem Herzklopfen drückte ich auf den Klingelknopf neben der großen Haustür. Kurze Zeit später stand Frau Stamm vor mir und begrüßte mich mit einem Lächeln. Eine junge Frau Mitte Dreißig, die ihren Mann im letzten Kriegsjahr verloren hatte und nun mit der vierjährigen Tochter allein auf dem Hof war. Ihr Vater, der ihr in den letzten Monaten, so gut es ging, geholfen hatte, war kurz vor meiner Ankunft gestorben. Zum Glück kehrte ein Verwandter aus der Gefangenschaft zurück.

Zum Hof gehörten drei Kühe, zwei Schafe, Hühner und Enten sowie mehrere Hektar Acker und Weideland. In der kleinen Bauernküche erzählte ich Frau Stamm meine Geschichte. Ich war selbst erstaunt, was ich mit fünfzehn Jahren bereits alles erlebt hatte. Vor allem hatte ich Erfahrung mit der Arbeit auf einem Bauernhof und der Kinderbetreuung.

Ich durfte bleiben. Endlich wieder in einem richtigen Bett schlafen und sich satt essen. Ja, ich war glücklich, wieder in geordneten Verhältnissen leben zu können. Aber es sollten Jahre mit harter und schwerer Arbeit werden. Die Feldarbeit war größtenteils noch Handarbeit. Das Getreide wurde mit der Sense gemäht, die Garben von Hand zusammengebunden, mit hochbeladenen Wagen in die Scheune gefahren und im Winter gedroschen. Zum Familienbesitz gehörte auch ein steil ansteigendes Waldstück, was sich hinter den Feldern anschloss. Im Winter wurde Holz geschlagen und zusammengekettet. Da kein Pferd auf dem Hof war, musste eine Kuh das Holz aus dem Wald ziehen. Meine Aufgabe war es, die Kuh zu führen, während die Männer aufpassten, dass sich das Holz auf dem hügligen Gelände nicht verhakte und verloren ging.

Es war sehr kalt und meine Bekleidung immer noch sehr ärmlich. Ich hatte kaum ein Hemd zum Wechseln. Ich wusch meine Sachen am Abend und versuchte, sie so aufzuhängen, dass ich sie am nächsten Morgen wieder anziehen konnte. Richtig trocken wurden sie nur im Sommer. Manchmal bekam ich eine getragene Bluse oder Schürze geschenkt. Als der erste Winter 1946 vor der Tür stand, schenkte mir ein gütiger Nachbar eine graue Militärdecke. Eine Schneiderin nähte mir daraus einen Mantel. Ich war so glücklich. Am Monatsende bekam ich als Lohn für meine Arbeit zehn Reichsmark. Nach der Währungsreform im Juni 1948 kamen noch einmal fünf Mark dazu. Mit einem Bezugsschein konnte ich mir endlich meine ersten Lederschuhe kaufen.

Ich blieb fast drei Jahre bei Frau Stamm. Es war eine Zeit mit viel Arbeit und wenig Freizeit. Ich hatte zwar meinen Schulabschluss aus der Seitendorfer Schule, aber eine anschließende Berufsausbildung blieb mir verwehrt. Es wäre wohl sogar meine Pflicht gewesen, eine Berufsschule zu besuchen. Aber in diesen Zeiten und unter den Bedingungen war das einfach nicht möglich. Eichen war ein kleiner Ort, aus dem ich nur sehr selten herauskam. Gleichaltrige Jungen und Mädchen gab es kaum. Mir blieb in all den Jahren nur die tagtägliche Arbeit auf den Feldern und im Haushalt. Dazu kamen die Stunden, die ich mit der kleinen Tochter verbrachte. Ein wenig Abwechslung hatte ich durch den regelmäßigen Briefkontakt mit meiner Mutter. Dank der Hilfe von Frau Stamm konnte ich hin und wieder mal ein Paket an meine Familie in Wittgendorf schicken.

Nach drei Jahren wurde das Gefühl immer stärker, dass ich auf Dauer so nicht weiterleben konnte und auch nicht wollte. Mit achtzehn Jahren machte ich mir Gedanken um die Zukunft. Mutter schrieb mir in einem Brief die Adressen von Tante Gertrud und Tante Emma. Auch sie hatte das Schicksal in den Westen Deutschlands verschlagen. Vaters Halbschwester Gertrud wohnte in Kassel. Sie teilte sich mit zwei anderen Frauen ein gemeinsames Zimmer. Für mich gab es dort keinen Platz mehr. So fuhr ich weiter nach Niedersachsen zu Vaters Stiefschwester Emma. Nach der Vertreibung aus dem Sudetengau hatte sie sich mit ihrem Mann und der Tochter Ilse in Alfeld niedergelassen. Leider starb Ilse nur wenige Monate nach der Ankunft in Alfeld nach langer und schwerer Krankheit. Tante Emma bot mir an, bei ihnen zu bleiben.

Mir gefiel es in dem kleinen Städtchen. Endlich hatte ich jemanden gefunden, der für mich so etwas wie eine Familie und eine Heimat war. Tante Emma half mir bei der Wohnungssuche und besorgte mir eine Arbeitsstelle in einer Matratzenfabrik, so dass ich etwas Geld verdiente. Auf Dauer wollte ich aber auch dort nicht bleiben. Der Onkel schikanierte mich immer öfter mit Kleinigkeiten und mischte sich in mein Leben ein.

Inzwischen hatte ich einen netten Jungen aus der Nachbarschaft kennengelernt. Er verstand meine Sorgen und sagte nach einem wiederholten Streit mit meinem Onkel, „dann komm mit zu mir." Und so zog ich bei seiner Familie ein.

Wir heirateten im Jahr 1953 und freuten uns riesig, dass meine Mutter und die Geschwister für ein paar Tage nach Alfeld kommen konnten. Ich hatte meine Familie viele Jahre nicht mehr gesehen. Zum Glück ging es uns acht Jahre nach Kriegsende schon so gut, dass wir die Fahrt und den Aufenthalt für alle bezahlen konnten. Ich war einfach nur glücklich, dass ich den Mann für mein Leben gefunden hatte und meiner Familie im anderen Teil Deutschlands helfen konnte.

Nach der Hochzeit blieben wir in Alfeld, wo unsere beiden Kinder geboren wurden. Nach vielen Jahren der Suche und des Umherwanderns war ich endlich angekommen. Von Seitendorf nach Wittgendorf, wieder zurück nach Seitendorf, nochmals vertrieben nach Eichen, war ich schließlich in Alfeld gelandet.

Auch für meine Mutter begann eine neue Zeit. Ich war das erste ihrer sieben Kinder, das geheiratet hatte. Und wir schenkten ihr das erste Enkelkind.

Erinnerungen der Tochter Ruth

Wir waren eine kinderreiche Familie, da gab es nie Langeweile.

Ich wurde am 4. November 1934 als drittes Kind nach meiner Schwester Traudel und Günter, meinem ‚großen Bruder‘, in Seitendorf geboren. Im Nachbarort Reichenau wurde an diesem ersten Novemberwochenende Kirmes gefeiert. Für die Hebamme endete der Kirmesschmaus vorzeitig, als mein Vater mit der Nachricht einer unmittelbar bevorstehenden Geburt im Hause Jakob plötzlich vor ihr stand.

Als nur ein Jahr später mein ‚kleiner Bruder‘ Werner zur Welt kam (da konnte ich noch nicht ahnen, dass sich einige Jahre später noch zwei kleinere Brüder dazugesellen würden), hatte ich einen treuen Spielkameraden für die Kinderjahre in Seitendorf gefunden. Der Altersunterschied war so gering, dass wir fast wie Zwillinge aufeinander eingestellt waren. Nur an dem halben Kopf Größenunterschied konnte man erkennen, wer von uns beiden älter war. Ich glaube, diesen für uns unbedeutenden Unterschied hat Werner auch später nie aufgeholt.

Alles, was wir spielten, ob es unseren Eltern nun passte oder manchmal eben auch nicht, unternahmen wir zusammen. Natürlich gab es bei uns auch viele gemeinsame Stunden mit den älteren Geschwistern und vor allem an den Sonntagen mit den Eltern, aber mein Verhältnis zu Werner war schon etwas Besonderes.

Bis zu meinem Schuleintritt verlebten wir eine glückliche gemeinsame Zeit, die wir uns meist selbst einteilen konnten. Das sollte sich nun abrupt ändern. Schulunterricht und Hausaufgaben verlangten von mir eine andere Zeiteinteilung. Werner konnte überhaupt nicht verstehen, warum er nicht mit in die Schule gehen durfte. Schließlich hatten wir doch bisher alles gemeinsam gemacht. Ich weiß noch, wie er sich nach meinem ersten Schultag in Vaters Werkstatt versteckt hatte. Da Vater zu der Zeit schon seit über zwei Jahren im Krieg war, hatte

Mutter auch noch den Kaninchenstall, der eigentlich hinter dem Haus stand, in die ungenutzte Werkstatt mit der Werkbank und den Maschinen gestellt. Verstecke gab es damit genug.

Nach dem Unterricht trafen sich die Kinder der ersten Klassen oft zum gemeinsamen Spielen, Basteln oder Wandern. Wann immer das Wetter es zuließ, wurde draußen im Garten gespielt oder im Ort und den angrenzenden Feldern und Wäldern gewandert. Im Frühjahr unternahmen wir mit unseren Lehrern einen großen Ausflug von Seitendorf nach Reichenau bis auf den Gickelsberg. Werner wollte unbedingt mitkommen und hatte mit den Jungs aus meiner Klasse seinen Spaß auf dem weiten Weg ins Nachbardorf und wieder zurück. Ich glaube, die zwölf Kilometer waren für die Kleineren ganz schön anstrengend.

Eine ganz besondere Herausforderung für jeden von uns war das Erlernen des Fahrradfahrens. Kinderräder gab es damals nicht oder wir konnten uns keines kaufen. Ich machte also meine ersten Übungen auf dem großen Fahrrad, gehalten und angefeuert von meinem großen Bruder Günter und den älteren Nachbarjungen. Ein Sturz gehörte da natürlich dazu, aber bis auf ein paar Hautabschürfungen ging es meist glimpflich ab.

Als ich 1941 in die Schule kam, herrschte in Deutschland schon fast zwei Jahre Krieg. Wir Kinder hatten keine wirkliche Vorstellung davon, was auf der Welt das bedeutete. Und wir hatten zu diesem Zeitpunkt auch keine Ahnung, was für einen Schaden und welches Leid der Krieg bereits angerichtet hatte. In Seitendorf gab es keine Fliegerangriffe, keine Bomben und glücklicherweise auch keinen Hunger. Die Front war noch weit weg. Das wahre Kriegsgeschehen gab es nur in Form von Nachrichten im Radio, im Kino in der Wochenschau oder von Erzählungen der Soldaten auf Heimaturlaub.

Das Bild vom fernen Krieg änderte sich in den letzten Monaten vor Kriegsende im Mai 1945. In immer kürzeren Abständen gab es Fliegeralarm. Wir mussten dann so schnell wie möglich in den

Luftschutzkeller. In der Schule fiel der Unterricht aus, oder wir konnten gleich zu Hause bleiben. Immer öfter flogen Fluggeschwader über unseren Ort. Wir lagen im Gras und sahen aufgeregt den silberglänzenden Flugzeugen hoch am Himmel hinterher.

Niemand von uns Kindern konnte sich vorstellen, was für eine tödliche Fracht sie transportierten. Die Bombardierung von Dresden am 13. Februar 1945 war so gewaltig, dass in über einhundert Kilometer Entfernung bei uns in Seitendorf die Häuserwände zitterten. Vom Sandberg im Oberdorf konnte man den rot gefärbten Himmel im Westen sehen.

Keiner wusste so recht, wie er sich verhalten sollte. Angst machte sich breit. Angst vor den Bomben, vor den Russen, vor dem Tod. Aus den Gesprächen der Erwachsenen spürten wir die Angst vor der Zukunft. Informationen über die wirkliche Lage gab es nur wenige und diese waren meist widersprüchlich.

Das war auch kein Wunder. Durch den unaufhaltsamen Vormarsch der Russen veränderte sich die Situation im Osten beinahe täglich. Der Krieg schien verloren, wenn man das auch noch nicht öffentlich sagen durfte. Daran änderte auch die letzte große Rede von Propagandaminister Göbbels in der nur wenige Kilometer entfernten Stadthalle in Görlitz am 8. März nichts mehr. Noch einmal sprach er vom Endsieg Deutschlands. Ein Wahnsinn sieben Wochen vor dem Ende. Tante Friedel lebte mit ihrem Mann Walter in Löbau. Sie war eine Tochter von Ida Wecker, der zweiten Frau meines Großvaters. Als die Russen im April von Norden immer näherkamen und erbitterte Schlachten im Raum Bautzen und Hoyerswerda entbrannten, entschloss sich Tante Friedel, zusammen mit ihren Schwiegereltern nach Zittau zu flüchten. Ein Schwager besaß dort eine Bäckerei. Alle glaubten, in Zittau sicherer zu sein. Ein großer Irrtum, wie sich wenige Wochen später herausstellte. In die Bäckerei und in andere benachbarte Gebäude schlugen mehrere Bomben ein. Tante Friedel hat man mit schweren Kopfverletzungen hinter einer Mauer gefunden und gerade noch rechtzeitig in das Zittauer Krankenhaus gebracht. Sie hatte keine Papiere bei sich und so konnte lange Zeit niemand ihre Angehörigen verständigen. Unsere Tante erholte sich nur langsam, konnte dann aber nach vielen Wochen zu ihrer Familie nach Löbau zurückkehren.

Seitendorf hatte Glück. Der Ort und seine verbliebenen Einwohner, meist Frauen und Kinder, wurden von direkten Kämpfen verschont. An den beiden letzten Kriegstagen tauchten plötzlich Tiefflieger auf und schossen auf alles, was sich bewegte.

Dann das Ende eines schrecklichen Krieges, der in seinen Nachwirkungen unser Familienleben total verändern sollte. Nichts würde in den folgenden Monaten und Jahren so bleiben, wie es bisher gewesen war. Anfang Mai kapitulierte die deutsche Wehrmacht bedingungslos. Endlich Frieden! Mit der großen Erleichterung kamen neue Sorgen und Ängste über die Zukunft. Aber auch die Hoffnung. Die Hoffnung auf die baldige Rückkehr unseres Vaters. Im April hatten wir die letzte Nachricht von ihm erhalten. Wie viele andere Frauen und Kinder im Dorf wussten wir nicht, ob Vater die letzten Kriegstage überlebt hatte und wo er war. Das lange Warten begann.

Die russische Armee, die nach Kriegsende das Dorf besetzt hatte, wurde Ende Mai abgezogen. Sie wurde durch polnisches Militär ersetzt. Auf der Konferenz der drei Siegermächte im Juli 1945 in Potsdam einigten sich Churchill, Truman und Stalin über die künftigen Grenzen Polens. Oder und Neiße wurden zur neuen Westgrenze erklärt.

Langsam normalisierte sich das Leben. Die Bauern gingen wieder auf die Felder und bereiteten sich auf die Ernte vor. Es gab Lebensmittelzuteilungen, so dass der Hunger nicht das größte Problem war.

Mitten hinein in die ersten zaghaften Versuche des Neuanfangs platzte völlig unerwartet der folgenschwere Befehl der polnischen Regierung zur sofortigen Umsiedlung der deutschen Bevölkerung aus den östlich der Neiße liegenden Gebieten. Es war der 22. Juni 1945. Ein schöner Sommertag wollte gerade beginnen, als polnische Soldaten und Offiziere langsam die Hauptstraße entlangfuhren und immer wieder den gleichen Wortlaut vorlasen. Die Menschen unterbrachen ihre Arbeit und liefen zur Straße.

„...Umsiedlung...bis zwölf Uhr...keine Wagen...keine Pferde... Eigentum der polnischen Regierung...mit dem Tode bestraft..."

Niemand war auf so etwas Ungeheuerliches vorbereitet. Das eigene Haus, den eigenen Hof verlassen, was seit Generationen im Besitz der Familie war. Einfach unglaublich!

Was viele im Ort zuerst für einen Scherz oder Irrtum hielten, bestätigte sich schon nach wenigen Minuten. Da kamen sie, die ersten Vertriebenen aus den weiter östlich gelegenen Dörfern Dornhennersdorf und Weigsdorf. Uns blieb nichts weiter übrig, als uns bis zum Mittag in den endlosen Zug der Kastenwagen und Kinderwagen einzureihen. In weniger als drei Stunden mussten wichtige Entscheidungen getroffen werden. Das größte Problem war die Ungewissheit. Wo sollten wir hin? Es gab kein Ziel! Eine Familie mit Großmutter, Mutter und sieben Kindern. Werden wir wieder zurückkehren? Aber wann? Was wird aus dem Haus? Was aus den zurückgelassenen Sachen?

Eine Menge Fragen, die mich an diesem Vormittag kaum interessierten. Die Sonne stand schon hoch am wolkenlosen Himmel und hätte es diesen unsäglichen ‚Befehl zur Umsiedlung' nicht gegeben, wäre ich mit meinen Freundinnen sicher schon auf dem Weg ins Freibad. Oder ich würde mit meinen Geschwistern hinter dem Haus spielen. Vor ein paar Tagen hatten die Jungs mit wenigen Handgriffen eine Wippe gebaut. Die lange Holzleiter, die für die Apfelernte im Herbst und für kleine Reparaturen am Haus genutzt wurde, hatten sie einfach über Vaters Sägebock gelegt. Auf den Sprossen ließ es sich wunderbar sitzen. Besonders spannend war es herauszufinden, wer sich auf welche Sprosse setzen musste, um das Gleichgewicht zu halten.

Natürlich hatte ich in diesem Moment keine Zeit darüber nachzudenken. Es musste alles sehr schnell gehen. Jeder musste mithelfen. Während meine Mutter die wichtigsten Sachen der Familie zusammentrug, kümmerte sich die Großmutter um uns Kinder. Wir brauchten jeden Platz, um vor allem Kleidung und Lebensmittel zu verstauen. Wir wussten ja nicht, wann und wo es wieder etwas zu essen geben würde.

Ich kippte einfach meinen Schulranzen aus und packte ein paar persönliche Sachen, aber vor allem Lebensmittel, hinein. In der Hektik hatte ich meine Brille mit ausgeschüttet. Das war ein schlimmer Fehler. Ich brauchte sie in der Schule, um die Schrift von der Tafel lesen zu können. Ich habe bis zur Berufsschule keine neue Brille bekommen und musste deshalb die nächsten Schuljahre immer in der ersten Reihe sitzen.

Irgendwann gegen Mittag waren auch wir abmarschbereit. Großmutter Hulda, Mutter und fünf Kinder, voll bepackt mit Ranzen und Rucksäcken auf dem Rücken, Beutel und Taschen in den Händen, sowie meine kleinen Brüder Helmut und Horst in den ebenfalls bis oben bepackten Wagen nahmen Abschied vom Haus, vom Garten und von der Werkstatt des Vaters.

Ja, wenn wenigstens unser Vater da gewesen wäre. Es hätte zwar nichts an der schlimmen Sache der Vertreibung geändert, aber es wäre für alle einfacher gewesen. Vor allem für Mutter, die noch immer die ganze Verantwortung für uns sieben Kinder hatte. Wir standen praktisch vor dem Nichts, hatten alles verloren, wussten nicht, was wir in den nächsten Tagen zu essen bekamen und wussten nicht, wo so viele Menschen schlafen sollten.

Ein Glück für alle, dass wenigstens die Großmutter da war. Und die Traudel. Für unsere älteste Schwester war mit vierzehn Jahren mit einem Schlag die Kindheit zu Ende. Sie sollte in den kommenden Monaten zu einer ganz großen Hilfe für Mutter und damit für uns alle werden.

Seit Stunden schon zogen die Bewohner des Oberdorfes und der weiter östlich gelegenen Ortschaften, darunter viele Bekannte und Freunde, die Dorfstraße hinunter in Richtung Hirschfelde. Bis zur Neiße, die nach Kriegsende zum Grenzfluss zwischen Deutschland und Polen geworden war, wurde der Zug der Vertriebenen von polnischen Soldaten begleitet. Westlich der Neiße angekommen, musste jeder selbst entscheiden, welchen Weg er geht. Es gab niemanden, der die vielen verzweifelten und erschöpften Menschen erwartete und ihnen half.

Wer nicht gleich in Hirschfelde bleiben durfte (irgendwoher kam die Information, dass nur Leute bleiben können, die im Kraftwerk arbeiteten), musste sich entscheiden. Man konnte entlang der Neiße nach Norden bis Ostritz und weiter nach Görlitz oder in südliche Richtung bis nach Zittau oder einfach geradeaus in das Landesinnere gehen.

Wir nahmen den dritten Weg und kamen über Dittelsdorf schließlich nach Wittgendorf. Dort fanden wir gegen Abend ein Stück unterhalb der Kirche auf dem Bauernhof der Schnitters eine Bleibe. Wir waren völlig erschöpft, aber glücklich, dass die Tortur für diesen Tag zu Ende war und alle ein Dach über dem Kopf hatten. Irgendwie musste es weitergehen. Irgendwie würde es weitergehen. Auch wenn niemand eine Vorstellung davon hatte.

Es waren unglaublich viele Menschen auf dem Bauernhof. Die Schnitters brachten es einfach nicht fertig, jemanden abzuweisen. Viele gingen in den nächsten Tagen weiter, suchten ihr Glück in anderen Dörfern zwischen Zittau und Löbau oder hatten Verwandte und Freunde, bei denen sie für die erste Zeit unterkommen konnten. Auch Mutter und Großmutter mussten entscheiden, wie es nun weitergehen sollte. Die Last der Verantwortung, die in diesen Tagen auf ihnen lag, kann ich heute nur erahnen.

Wir konnten auf dem Hof bleiben, ebenso wie die Familien Rönsch und Meusel aus Seitendorf. Es war wohl eine gute und richtige Entscheidung. Bis auf Traudel verbrachten wir hier unsere restliche Kindheit. Erst als Mutter uns alle in ein selbständiges Leben geschickt hatte, zog sie zwanzig Jahre später wieder in ein eigenes Haus, nur ein paar hundert Meter entfernt direkt an der Dorfstraße. Den Bauernhof, der uns an diesem 22. Juni 1945 aufnahm, konnte sie vom Kammerfenster aus immer noch sehen. Ich weiß nicht, ob es so war, aber ich kann mir vorstellen, dass sie sich beim Blick hinauf zu den Schnitters manchmal gefragt hat, wie das Leben wohl weitergegangen wäre, wenn Traudel nicht bei dieser gütigen, hilfsbereiten Familie geklingelt hätte. Wir blieben also auf dem Bauernhof und alle rückten ein wenig zusammen. Das war auch wirklich notwendig, denn Gertrud und Herbert Schnitter hatten selbst zwei Kinder in unserem Alter. Insgesamt lebten wohl zeitweise bis zu dreizehn Kinder auf dem Hof. So viel Glück wir bei der Einrichtung einer dauerhaften Unterkunft bei Schnitters hatten, so viele Schwierigkeiten gab es anschließend bei der Einbürgerung in die Gemeinde. Sofort nach Kriegsende übernahmen russische Stadt- und Ortskommandanten die öffentliche Gewalt in den Städten und Dörfern. Gleichzeitig begann der Wiederaufbau der sächsischen Verwaltungsorganisation. Die kommunistische Partei hatte es bis zum Juli geschafft, wichtige Schlüsselpositionen in der Verwaltung zu besetzen und konnte so ihre Personalpolitik durchsetzen.

Der in Wittgendorf eingesetzte Bürgermeister war ein verbissener Kommunist, der den Frauen und Witwen eine Mitschuld an der Vergangenheit gab. Als ob nicht gerade sie schon genug zu leiden hatten. Für Vertriebene hatte er kein Verständnis. Im Gegenteil, er sah ihr Leid wohl eher noch als ‚verdiente Strafe' an. Alleinstehende Frauen mit vielen Kindern passten am allerwenigsten in seine Vorstellung von der neuen Welt einer kommunistischen Diktatur. Der Bürgermeister brauchte Männer, die zupacken und hart arbeiten konnten.

Und es gab noch ein zweites Problem. Es herrschte Hunger auf der westlichen Seite der Neiße. Die vielen Menschen konnten von den Bauern kaum ernährt werden. Kühe und Pferde waren in manchen Dörfern von den Deutschen kurz vor Kriegsende auf die Weide getrieben oder später von den Russen verschleppt worden. Nur wenige Kilometer entfernt standen in unserem Heimatdorf Seitendorf die Häuser leer. Die Kühe in den Ställen und auf den Weiden wurden kaum mehr gemolken. Das Getreide stand reif auf den Feldern. Dieser unglaubliche Gegensatz führte zu unzähligen, verbotenen Grenzgängen, an denen sich auch Traudel und unsere Mutter beteiligten. Irgendwie musste jeder diese schwierige Zeit überstehen. Natürlich versuchten die neuen Bürgermeister und später die Landräte in der sogenannten sowjetischen Besatzungszone den Hunger der Bevölkerung zu lindern. Es wurden Lebensmittelkarten ausgegeben, nach deren Vorzeigen jeder Einwohner des Ortes eine festgelegte Ration verschiedener Lebensmittel erhielt. Genau das war aber das Problem des Bürgermeisters. Was konnten neun hungrige Frauen und Kinder, noch dazu mittellose Umsiedler aus den Ostgebieten, für den Aufbau des Ortes schon leisten?

Er wollte unsere Einbürgerung nach Wittgendorf verhindern und bot Mutter die Unterbringung im Nachbarort Schlegel-Burkersdorf an. Gemeinsam mit meinem Bruder Günter sahen wir uns mit der Mutter das leerstehende Haus an. Zu Fuß ging es ins Oberdorf. Am Ortsausgang nahmen wir die Straße nach Dittersbach, mussten aber erst einmal den lang gezogenen Jägerberg bewältigen. Oben angekommen, wurden wir mit einer wunderschönen, aber auch schmerzlichen Aussicht belohnt. Im Osten, im Neißetal, qualmten die Schornsteine vom Kraftwerk in Hirschfelde und gleich dahinter lag unser Heimatdorf. Die katholische Kirche auf dem Kirchberg in der Dorfmitte war nicht zu übersehen. Wir hatten alle Tränen in den Augen. Unser Haus, der Garten, die Schule und das Freibad, alles war so nah und doch unendlich weit entfernt.

Als wir endlich weitergingen, erzählte uns Mutter, dass Vater früher auf dieser Straße mit dem Fahrrad und dem voll bepackten Hänger unterwegs war, um seinen Kunden in den Dörfern seine Korbwaren anzubieten. Das war die Zeit, als er sich als selbständiger Korbmacher seinen Kundenstamm aus den umliegenden Dörfern vergrößern musste. Nach der Hochzeit mit einer Protestantin waren einige Kunden in Seitendorf aus Protest dem Geschäft ferngeblieben. In Glaubensfragen war im katholischen Seitendorf auch Anfang der dreißiger Jahre noch immer die Meinung anzutreffen, dass es eine Vermischung der Konfessionen nicht geben sollte. Auf der anderen Seite des Berges angekommen, sahen wir Schlegel-Burkersdorf vor uns liegen. Die Straße trennte die Häuser und Bauernhöfe von den zugehörigen Feldern. Hinter den Feldern begann der Wald. Von hier oben hatte man einen guten Überblick.

Die sogenannten Butthäuser (ein Fachwerk- und ein Massivhaus), welche uns der Bürgermeister von Schlegel nach unserer Ankunft im Gemeindeamt angeboten hatte, lagen direkt am Rand des Klosterwaldes in Richtung Ostritz. Sehen konnten wir sie von hier aus noch nicht, aber das war auch nicht notwendig. Die Entfernung zu den ersten Häusern des Dorfes war schon groß (etwa ein Kilometer den Viebig entlang), wie weit würde dann wohl erst der Weg zur Schule oder zum Bäcker sein? Wir sind Mutter heute noch dankbar, dass sie dem Drängen des unfreundlichen Bürgermeisters nicht nachgegeben hat. Ich bin mir sicher, dass es kein leichtes Gespräch gewesen war. Sie hat später nie mit uns darüber gesprochen.

Nachdem endgültig feststand, dass wir für die nächste, unbestimmte Zeit bei Schnitters wohnen bleiben würden (Gerüchte und Hoffnung über eine Rückkehr in die Heimat gab es immer wieder), lagen zwei große Aufgaben vor der ganzen Familie. Das tägliche Beschaffen von Lebensmitteln und die langsame Anschaffung von Dingen des täglichen Gebrauchs. Wir brauchten Kleidung für den nächsten Winter und mussten Schritt für Schritt unseren eigenen Haushalt (wieder)beschaffen.

Jeder hatte dabei seine Aufgaben. Solange die Schule noch nicht begonnen hatte, waren wir Kinder fast täglich auf den Feldern und im Dorf unterwegs, um am Abend mit etwas Essbarem nach Hause zu kommen. Wir wussten sehr genau, auf welchen Feldern Getreide oder Kartoffeln angebaut waren und warteten auf den Beginn der Ernte. Als das Getreide dann abgeerntet war, gingen wir Ähren lesen, ohne Schuhe über die Stoppeln, manchmal bei drückender Hitze, manchmal bei strömenden Regen. Das Wetter konnten wir uns nicht aussuchen. Der Hunger nahm darauf auch keine Rücksicht.

Danach galt es, die mühselig gesammelten Ähren möglichst ohne große Verluste zu Schnitters zu bringen. In der Scheune wurden sie dann getrocknet und anschließend die Körner ausgeklopft. Es war spannend zuzusehen, wie die Jungs die Körner mit der Schrotmühle zermahlten. Ich bezweifle, ob die Kinder heute die so entstandene Mehlsuppe überhaupt essen würden. Für uns schmeckte sie gut, aber das war nicht das Wichtigste. Wir hatten für ein paar Stunden das Hungergefühl vertrieben.

Nicht nur in der Landwirtschaft gab es Arbeit für uns. Die Ställe der Bauern füllten sich wieder mit Kühen, Schweinen, Gänsen, Hühnern und was sonst noch alles auf einen Bauernhof gehörte. Da es damals noch keine Koppeln gab, durften wir Kinder Kühe hüten. Keine allzu schwere Arbeit, wenn man sich nicht von interessanteren Dingen ablenken ließ. Beim Spielen oder Schwatzen mit den Freundinnen konnte es schon mal passieren, dass eine Kuh vom rechten Weg abgekommen war. Das Zurücktreiben gestaltete sich dann meist schwierig und zeitaufwändig. Für unsere ‚Arbeit' bekamen wir am Abend eine Mehlsuppe und eine Scheibe Brot und kamen satt zurück. Na ja, was in dieser Zeit eben „satt" für uns bedeutete.

In den folgenden Monaten normalisierte sich das Leben langsam.

Ich musste, genau wie meine Geschwister Günter, Werner und Thea, in die für uns neue Schule in Wittgendorf. Das Gebäude stand gegenüber der Kirche auf der anderen Straßenseite. Wir hatten nicht weit zu laufen. Der kürzeste Weg war die Dorfstraße entlang in Richtung Oberdorf, den wir morgens fast immer gingen. Sonst wären wir wohl manches Mal zu spät zur ersten Stunde gekommen.

Nach Schulschluss sah das anders aus. Da war auch mal Zeit zum Bummeln. Unser Heimweg führte uns dann an der Kirche und dem Friedhof vorbei bis zum Feldrand und von dort hinter den Häusern entlang bis zu Schnitters Bauernhof. Die Straßenüberquerung vor der Schule war immer etwas heikel. Gerade an dieser Stelle beschrieb die Dorfstraße eine S-Kurve, so dass die Pferdefuhrwerke und Autos oftmals spät zu sehen waren. Aber so viel Verkehr gab es damals noch nicht.

Nach dem Unterricht und den unvermeidlichen Hausaufgaben ging es hinaus in die Natur. Wenn das Wetter es irgendwie zuließ, spielten sich das Leben und die wenige Freizeit im Hof, auf den angrenzenden Wiesen und in den Gärten der Nachbarschaft ab. Schon möglich, dass die beengte Situation in einem kleinen Wohnzimmer für die ganze Familie dazu beigetragen hat. Wir fühlten uns draußen einfach wohler und ich kann mich nicht erinnern, dass jemand längere Zeit krank gewesen war. Bewegung und Abhärtung an frischer Luft waren unsere Medizin.

Natürlich plagten wir uns in der kalten Jahreszeit auch mal mit Husten und Schnupfen herum. Es musste eine Platzwunde versorgt oder ein verstauchter Fuß ein paar Tage ruhiggestellt werden. Meistens wurden wir dann mit den alten und bewährten Heilmethoden und Hausmitteln behandelt. Frische oder getrocknete Kräuter und andere Heilpflanzen ergaben einen Aufguss oder Tee, der zwar nicht immer schmeckte, aber half. Glücklicherweise blieben wir alle von schweren Krankheiten verschont.

Nur einmal machte der fünfjährige Helmut der Mutter richtig

Sorgen. Er hatte Diphtherie bekommen, eine gefährliche Infektion der Atemwege, die schnell behandelt werden musste. Helmut kam ins Krankenhaus nach Hirschfelde. Eine leerstehende Villa war kurz zuvor dafür notdürftig umgebaut worden. Nach mehreren Wochen hatte sich Helmut zum Glück so weit erholt, dass er abgeholt werden konnte. Da er viel zu schwach war, um auf den eigenen Beinen zu stehen, nahm Mutter den Kinderwagen und holte unseren Bruder nach Hause. Günter und ich gingen mit, so konnten wir uns auf dem Rückweg mit Schieben abwechseln. Die ungefähr sechs Kilometer von Hirschfelde bis zu Schnitters waren ein einziger Anstieg über Feldwege und Straßen. Alle auf dem Hof waren erleichtert, als Helmut diese gefährliche Krankheit überstanden hatte. Viele hatten diese damals nicht überlebt. Frau Schnitter brachte uns rohes Sauerkraut, dass sollte uns mit seinen vielen Vitaminen stärken. Es hatte gewirkt.

Für eine Aufregung ganz anderer Art sorgte unser jüngster Bruder Horst. Eines Tages hatte der Meusel Johann, der ebenfalls auf dem Bauernhof wohnte, für den Bauern im Oberdorf etwas zu erledigen. Er spannte die Pferde vor den Wagen und wollte gerade losfahren. Horst, der ihm die ganze Zeit bei den Vorbereitungen zugesehen hatte, fragte den Johann, ob er mitfahren könne.

„Ja, wenn es deine Großmutter erlaubt, von mir aus." Johann hatte nichts dagegen. Wieder einmal musste die Großmutter entscheiden. Diesmal blieb ihr auch wirklich nichts anderes übrig, denn Mutter war zu einem Kuraufenthalt in der Sächsischen Schweiz. Die Kirche hatte ihr diese mehr als verdienten Tage der Erholung ermöglicht. Großmutter hatte nichts dagegen und wenige Minuten später saß Horst stolz auf den Kutschbock neben dem Meusel Johann.

Offensichtlich zogen sich die geschäftlichen Dinge im Oberdorf so sehr in die Länge, dass Horst begann, sich zu langweilen. Kurzentschlossen ging er allein zu Fuß zurück. Dass er an einer Weggabelung in die falsche Richtung ging, bemerkte Horst erst viel später, als er die

Orientierung verloren hatte. Als der Pferdewagen nach dem Mittag ohne Horst auf den Hof fuhr, war der Schrecken groß. Er kannte sich mit seinen vier Jahren außerhalb des Dorfes noch nicht so gut aus. Wir sind alle sofort losgelaufen, um ihn zu suchen. Alle Teiche und Büsche im Oberdorf haben wir abgesucht, aber unser kleiner Bruder blieb verschwunden. Was sollten wir nur der Mutter sagen, wenn ihm irgendwas zugestoßen war?

Als sich langsam Angst und Ratlosigkeit breitmachten, kam die erlösende Nachricht vom Gemeindeamt. Dort war kurz vorher eine Nachricht eingegangen, dass auf der Landstraße zwischen Oberseifersdorf und Eckartsberg ein kleiner Junge aufgegriffen worden war. Er wartete beim Pförtner in einer Fabrik am Ortseingang von Eckartsberg auf seine Familie. Als man Horst dort fragte, wo er denn wohne, hatte er nur gesagt, dass Mama beim Schnitterbauern arbeitete. Ein Glück, dass die Schnitters auch in den Nachbardörfern gut bekannt waren.

Erleichtert machte ich mich mit Werner und Thea barfuß auf den Weg in das über sechs Kilometer entfernte Eckartsberg. Bei über dreißig Grad und schönstem Sommerwetter hatten wir sicher andere Pläne, aber das spielte in diesem Moment keine Rolle. Wir holten unseren kleinen Bruder beim Pförtner ab und kamen ein paar Stunden später alle wieder glücklich auf dem Schnitterhof an.

Im Sommer des Jahres 1949 beendete ich nach den damals üblichen acht Schuljahren meine Schulzeit. Es war das Jahr, in dem Deutschland in zwei unabhängige Staaten geteilt wurde. (Heute wissen wir, dass diese Teilung auch nur eine kurze geschichtliche Episode von vierzig Jahren war.) Meine Konfirmationsgeschenke waren fast nur Lebensmittel. Ich erinnere mich noch gut an das Geschenk des Bäckers, der aus Brotteig Rosen geformt und diese dann auf den Brotlaib aufgesetzt hatte. Auch so konnte man damals einfache Geschenke freundlich aussehen lassen. Lebensmittel waren in dieser Zeit immer noch das Allerwichtigste.

Für die Zukunft war es entscheidend, nach der Schule eine gute Lehrstelle zu finden. Obwohl das Kriegsende schon über vier Jahre zurücklag, gab es noch immer zu wenig Arbeit und Lehrstellen. Viele meiner Mitschüler versuchten die Zeit bis zum Finden einer Lehrstelle mit verschiedenen Arbeiten in der Landwirtschaft zu überbrücken. Damit konnte man wenigstens zur Ernährung der Familie beitragen. Ab dem Frühjahr 1950 bin ich regelmäßig zu einem Bauern in Wittgendorf gegangen, um das Einmaleins der Landwirtschaft zu erlernen. Es war keine richtige Lehrstelle mit Abschluss, obwohl ich einmal in der Woche in die Berufsschule nach Zittau gehen musste. Dort gab es eine Landwirtschaftsklasse für Schüler mit Lehrvertrag und Facharbeiterabschluss. Die anderen Schüler gingen in die sogenannte Berufsfindungsklasse. Manche fanden im Laufe des Jahres doch noch eine Lehrstelle.

Auf dem Bauernhof ging es früh sehr zeitig los, so dass es besser war, wenn ich gleich dort schlief. Ich wohnte in einer kleinen Kammer, bekam Essen und Trinken gewissermaßen als Lohn für die Arbeit und ging meistens nur an den Wochenenden zu meiner Familie zurück. Ich musste mich um die Kühe kümmern, füttern und den Stall ausmisten, keine leichten Arbeiten für ein fünfzehnjähriges Mädchen. Wenn der Bauer früh das Grünfutter hauen ging, bin ich mit dem Pferdewagen hinterhergefahren. Ich glaube, das Pferd wusste, wo es langging und was zu tun war. Nach dem Aufladen des Grünfutters gab es Frühstück. Ich hatte zwar viel mit Kühen zu tun, trotzdem habe ich das Melken nie gelernt. Überhaupt machte mir die Arbeit in der Landwirtschaft keine richtige Freude. Das ganze Leben zwischen Pferden, Kühen, Grünfutter und Getreide, ich konnte mir das einfach nicht vorstellen. Im Winter ging es auf dem Hof eher ruhiger zu, da blieb ein wenig Zeit, um die Anzeigen in der Zeitung intensiver zu lesen. Ich hatte Glück. In einem Blumengeschäft in der Inneren Weberstraße in Zittau wurde ein Lehrling gesucht. Im März begann ich die

Lehre und wurde in den folgenden drei Jahren zur Blumenbinderin ausgebildet (heute heißt das wohl Floristin). Frische Blumen zu einem schönen Geburtstags- oder Hochzeitsstrauß zu binden, war eine angenehmere Aufgabe als Grünfutter auf einen Pferdewagen zu laden. Na ja, für mich jedenfalls.

Zur Arbeit und in die Berufsschule bin ich mit anderen Lehrlingen den Sandweg (eine Abkürzung über die Felder) von Wittgendorf über Eckartsberg nach Zittau gelaufen. Trotz der Abkürzungen dauerte der tägliche Fußmarsch über eine Stunde, eine Strecke. Busverkehr in die Stadt gab es damals noch nicht. Als Alternative blieb nur der Zug von Görlitz nach Zittau. Da hätten wir bis Hirschfelde laufen müssen. Zusammen mit der Zugfahrt und dem Weg vom Bahnhof zur Arbeitsstelle wäre ich auch nicht schneller gewesen.

Kurze Zeit später hatte die Reichsbahn eine Haltestelle in Drausendorf eingerichtet. Wir brauchten nur noch die Dorfstraße hinunter bis zur Hauptstraße zu laufen. Das war in einer halben Stunde zu schaffen. Meistens wurde erst auf den letzten Drücker losgegangen, so dass regelmäßig auf den letzten dreihundert Metern ein Dauerlauf notwendig war. Glück für uns, dass es bergab ging und die Haltestelle und der herannahende Zug schon von weitem zu sehen waren. Das Gleiche traf auch auf den Lokführer zu. Er hat bestimmt so manches Mal eine Minute länger gestanden, um alle mitzunehmen. Als ich während der Lehrzeit meinen späteren Mann kennenlernte, waren wir oft in Oberseifersdorf unterwegs. Er stammte aus einer Gastwirtsfamilie. Er war ein gemütlicher und lebenslustiger junger Mann, der kaum eine Gelegenheit zum Feiern ausließ. Das Vereinsleben im Dorf begann nach dem Krieg wiederaufzuleben. Er war Mitglied der Laienspielgruppe und des Gesangsvereins, war als Musiker bei der Tanzgruppe fast unentbehrlich und sorgte auch bei mancher Familienfeier bei uns in der Wohnstube für Stimmung und gute Unterhaltung.

Ich begleitete meinen Freund immer öfter und lernte auf diese Weise viele Leute der umliegenden Dörfer kennen. Dies sollte sich später als sehr hilfreich erweisen. Sein Onkel war der Besitzer der Gaststätte "Zur Linde". Nach dessen Rentenbeginn übernahmen wir im Jahr 1965 gemeinsam die Gaststätte in Oberseifersdorf. Mit Blumen hatte ich nun weniger zu tun, sieht man mal von den hübschen Sträußen auf den Tischen im Gastraum ab. Ich widmete mich fortan der Küche, getreu dem Motto: Gutes Essen ist das Aushängeschild jeder Gaststätte. So spielt manchmal das Leben.

Erinnerungen des Sohnes Werner

Trotz der schwierigen Verhältnisse war meine Kindheit eine unbeschwerte und erlebnisreiche Zeit.

Ich wurde am 21. November 1935 als viertes Kind nach meinen Schwestern Traudel und Ruth und meinem Bruder Günter geboren. Wer wie ich drei ältere Geschwister hatte, die tagtäglich um einen herum lebten, lernten und aufwuchsen, orientierte sich zwangsläufig an den Großen. So war es auch bei mir.

Bis zu meiner Einschulung verbrachte ich viel Zeit mit meiner Schwester Ruth, die nur ein Jahr älter war. Wir verstanden uns gut. Es waren unbeschwerte Kinderjahre ohne große Verpflichtungen. Gemeinsames Spielen und voneinander Lernen stand im Mittelpunkt. Ruth war einfach immer da, bis zum Tag ihrer Einschulung im Jahr 1941. Plötzlich waren die Vormittage leer und ich war gezwungen, mir neue Beschäftigungen allein oder mit anderen gleichaltrigen Kindern in der Nachbarschaft zu suchen.

Ein Jahr später lernte ich in der Schule neue Freunde kennen, aber zunehmend war ich auch mit meinem Bruder Günter unterwegs. Er war drei Jahre älter als ich und verbrachte viel Zeit in der Werkstatt beim Vater. So war es kein Wunder, dass er später noch am meisten vom Vater und seiner Arbeit in der Korbmacherei erzählen konnte. Damals hatte der große Bruder aus der Sicht eines Erstklässlers richtig viel Erfahrung mit den aufregenden und spannenden Seiten des Kinderlebens.

Anfangs bot unser Garten genug Raum für Spiele und Entdeckungen. Die zum Trocknen aufgestellten Weidenruten aus Vaters Korbmacherei waren oben zusammengebunden und unten im großen Kreis auseinandergezogen. Sie sahen aus wie ein Zelt ohne Eingang. Der Eingang war schnell zurechtgebogen und fertig war ein ideales Versteck für das beliebte Spiel ‚Eins, zwei, drei, vier Eckstein'. Vater sah das nicht so gern und so mussten wir nach dem Spielen den ursprünglichen Zustand, so gut es eben ging, wiederherstellen.

Der interessanteste Platz im Garten war der Dorfbach am Ende der Wiese. Er war gleichzeitig die Grundstücksgrenze zum Nachbarn. Stundenlang standen wir barfuß im Wasser, bauten Staudämme, legten Umleitungen oder sprangen über große Steine oder selbstgebaute Brücken aus alten Holzbrettern. Auch die Tiere waren vor uns nicht sicher. In manchen Jahren schwammen tausende Kaulquappen im Wasser. Wir konnten beobachten, wie zuerst die Hinterbeine und danach die Vorderbeine entstanden. Die Verwandlung zu Fröschen, die eines Tages aus dem Wasser sprangen, war Biologieunterricht im eigenen Garten. Wir hatten die kleinen Minifrösche gefangen, mit ihnen gespielt und sogar für ein paar Tage in ein Glas gesperrt. Als Haustiere waren die Tierchen wohl eher nicht geeignet. Und so ließen wir sie wieder frei.

Irgendwann war der eigene Garten ausgekundschaftet und Günter nahm mich mit zu den benachbarten Bauernhöfen. Gleich über unserem Haus hatte der Küchbrendler sein Gehöft. Dort lebten drei Kinder. Vor allem mit Reinhard, der etwas jünger war als ich, haben wir so manchen Blödsinn gemacht.

Wenn die Ziegen und Schweine im Sommer im Hof oder auf den angrenzenden Wiesen standen, schwirrten uns so allerlei Gedanken durch den Kopf. Dass man auf Pferden reiten kann, wussten wir natürlich. Aber ob das auch mit Ziegen und Schweinen ging, war einen Versuch wert. Mit lautem Grunzen rannte das Schwein mit uns auf dem Rücken durch den Hof. Lange hielten wir uns auf dem glatten Rücken nicht oben, aber es hat Riesenspaß gemacht. So manches Mal hat unsere überschwängliche Freude den Großvater, einen stattlichen Mann in großen Stiefeln und Filzjacke, herbeigerufen. Nicht immer waren wir schnell genug, um der Peitsche zu entkommen.

Im Oberdorf wohnten die Rönsches, die unsere Mutter durch den Strickklub kannte. Viele Frauen trafen sich in der Kriegszeit regelmäßig zum Stricken, um Neuigkeiten auszutauschen und sich gegenseitig zu unterstützen. Ich weiß nicht mehr, wo ich an diesem Tag war, jedenfalls ging ich auf dem Rückweg bei Rönsches im Hof vorbei. Der Bauer war gerade damit beschäftigt, den Mist aus dem Kuhstall auf dem im Hof liegenden Haufen aufzuschichten. Der Haufen dampfte, die Hühner mussten immer wieder verscheucht werden und ich sah dem Treiben gespannt zu. Vielleicht war es Neugier oder nur Leichtsinn, auf jeden Fall lag ich plötzlich mit meiner guten Jacke in der Jauchegrube. Auch der sofortige Rettungsversuch am Brunnen, die Jacke von der stinkenden Brühe zu befreien, brachte keinen wirklichen Erfolg. Die Jacke war nicht mehr zu gebrauchen. Was für ein Empfang zu Hause.

Feuer und Wasser sind die Elemente, die jeden Jungen reizen und herausfordern. Es war kein großes Problem, eine halbvolle Streichholzschachtel aus dem Haus zu schmuggeln. Eigentlich wollten wir nur herausfinden, ob die vertrockneten Grasbüschel neben der Bruchsteinmauer hinter unserem Haus gut oder schlecht brannten. Die nicht zu übersehende Rauchentwicklung hatten wir allerdings so nicht erwartet. Die Nachbarn verständigten unsere Mutter, die genau an diesem Tag das Mutterkreuz von der Gemeinde verliehen bekam. Auf die Auszeichnung konnte sie stolz sein, auf die Taten ihrer Kinder in dem Moment wohl weniger.

Ich glaube, in der folgenden Nacht schlief ich freiwillig auf dem Bauch. Natürlich sahen wir die Dummheit ein und versprachen Besserung. Es hätte ja Schlimmes passieren können. Aber kann man den Entdeckergeist und die Abenteuerlust von Kindern wirklich steuern?

Ein paar Streichhölzer konnten jedenfalls gerettet werden. Irgendwo hatten die zwei Klippelbrüder Zigarillos gefunden und in ein Versteck am Waldrand gebracht. Ein idealer Platz für die ersten Rauchversuche. Wir hatten es oft bei den Erwachsenen beobachtet. Anzünden, am anderen Ende mit spitzem Mund kräftig einatmen und möglichst viel Qualm wieder auspusten. Wir probierten nicht nur Zigarillos, auch vieles andere, was uns rauchbar erschien, von Tee bis hin zu Laubblättern. Einmal war uns so schlecht, dass sich Mutter richtig Sorgen machte. Sie dachte, wir hätten etwas Schlechtes gegessen. Wir trauten uns nicht, ihr die Wahrheit zu sagen.

Als ich dann älter war und die ersten Jahre in die Grundschule in Seitendorf ging, konnte ich es kaum erwarten, in den Ferien zu meinen Tanten Ida und Frieda zu fahren. Beide waren Schwestern meiner Großmutter Hulda. Ida war sieben Jahre älter und Frieda sieben Jahre jünger, was schon ein wenig kurios war. Später erfuhr ich, dass Urgroßmutter Johanna bei der Geburt der ersten Tochter neunundzwanzig Jahre alt war und bei Frieda bereits dreiundvierzig Jahre. Für die damaligen Verhältnisse wohl eher eine Ausnahme. All das interessierte mich als kleinen Jungen nicht im Geringsten.

Die Ferien bei Tante Ida und Onkel Wilhelm in Gießmannsdorf, die ich oft mit Günter verbrachte, waren immer aufregend und spannend. Das Dorf lag auf der Ostseite der Neiße, nicht weit entfernt vom Kraftwerk Hirschfelde und in unmittelbarer Nähe des immer näherkommenden Tagebaus. Die Bewohner der ersten Grundstücke hatten ihre Häuser bereits verlassen müssen. Der Grubenrand und die leerstehenden Häuser waren für uns ein ideales Erkundungsgebiet. Türen und Fenster waren eingeschlagen und was noch nicht ganz kaputt war, musste grundlos weiter mit Füßen und Stöcken bearbeitet werden. Ein schlechtes Gewissen hatten wir nicht, es gehörte ja niemandem mehr. Die Ruinen zogen uns Jungen magisch an. Natürlich war es gefährlich, vor allem am Grubenrand oder wenn es vorher tagelang geregnet hatte. Wir hätten leicht abrutschen können, aber das störte damals keinen von uns.

Onkel Wilhelm war ein großer Mann, vor dem wir Respekt hatten. Genauso wie vor seinem Schäferhund. Das war gewissermaßen sein

Diensthund, denn der Onkel war eine Zeit lang Nachtwächter des Rittergutes in Gießmannsdorf. Manchmal haben wir ihn bei den nächtlichen Runden begleitet. Lichter gab es nur wenige. Bei Neumond oder dichter Bewölkung wurde der Schäferhund zu meinem besten Freund, dem ich nicht von der Seite wich.

In einem Jahr freundete ich mich mit dem Nachbarmädchen an. Ich glaube, sie war genau wie ich zu Besuch bei ihren Verwandten. Wir saßen stundenlang auf der alten Gartenbank oder einfach nur im Gras und erzählten uns Geschichten von zu Hause. Sie kannte ein lustiges Lied von der Suche nach Christian, das mir gut gefiel. Wahrscheinlich war es die Strophe „Seh' ich mir dieses Rindvieh an, denk ich an meinen Christian ...", die mein Interesse weckte. Jedenfalls kannte ich am Ende der Ferien alle fünf Strophen und kenne sie heute noch.

Tante und Onkel kümmerten sich so gut es ging um uns, auch wenn nicht alles auf Gegenliebe stieß. Aber das hatten wir uns nicht anmerken lassen. Ich konnte Sellerie nicht ausstehen, traute mich aber nicht, Tante Ida beim Essen die Wahrheit zu sagen. In einem unbeobachteten Moment rettete mich das offenstehende Küchenfenster und das Kompott landete kurzerhand im Garten. Als ich später mit schlechtem Gewissen nachschaute, war es verschwunden. Offensichtlich hatte es doch jemandem geschmeckt und ich war glücklich.

Tante Frieda, die jüngere Schwester unserer Großmutter, lebte im Nachbardorf Dornhennersdorf. Sie wohnte im Elternhaus der Weickelts, das sie nach dem Tod ihrer Mutter 1923 übernahm. Wir waren oft mit Großmutter Hulda dort. Haus und Grundstück waren uns bestens bekannt. Trotzdem habe ich einmal beim Spielen die Höhe der kleinen Brücke, die als Zufahrt zum Haus notwendig war, unterschätzt. Ich stieß mich mit dem Kopf so heftig an der ummauerten Einfassung, dass ich eine Platzwunde und eine kleine Gehirnerschütterung davontrug.

Tante Frieda hatte eine kleine Landwirtschaft und zwei Kühe im

Stall. Da gab es für uns immer etwas zu helfen, wobei ich viel lieber im Stall als auf dem Feld arbeitete. Die Rüben oder Kartoffelfurchen erschienen mir endlos. Besonders an heißen Tagen, wo kein Wölkchen die Sonne am blauen Himmel verdeckte, war Feldarbeit überhaupt nicht lustig. In Gedanken sprang ich immer wieder vom Sprungbrett in das kühle Wasser. Was ich dann am Nachmittag auch wirklich tat.

Um nach Dornhennersdorf zu gelangen, mussten wir unser Dorf hinaufgehen bis zum dreihundertsechzehn Meter hohen Sandberg. Das war der höchste Punkt und das Ende von Seitendorf. Von dort aus konnte man bereits die ersten Häuser von Dornhennersdorf sehen. Im Winter nahmen wir immer den Schlitten mit. Wir freuten uns auf die lange Rückfahrt vom Sandberg bis zu unserem Gartentor in der Dorfstraße 193. Damals konnten wir noch gefahrlos auf der zugeschneiten und wunderbar festgefahrenen Dorfstraße mit dem Schlitten fahren. Was für ein Spaß!

In dieser Zeit herrschte in Deutschland Krieg, aber die Front war weit weg. Was wirklich in Europa passierte, haben wir Kinder kaum wahrgenommen. Trotzdem hatte sich etwas verändert, war etwas anders als in meinen ersten Kinderjahren. Der Vater war nicht mehr zu Hause. Wie viele andere Männer im Dorf wurde er 1940 zur Wehrmacht eingezogen. Wir sahen ihn nur noch an den Urlaubstagen. In den wenigen Stunden in der Heimat kümmerte er sich um seine Familie, die Freunde und das Geschäft.

Er freute sich über die Fortschritte in der Entwicklung von uns Kindern. In den sechs Kriegsjahren traten Ruth, Thea und ich in die Schule ein. Unser Vater konnte diese besonderen Tage nicht miterleben. Er war darüber sehr traurig, war mit den Gedanken bei uns und der Mutter. In seinen Briefen erkundigte er sich immer wieder, wie es uns ging und was wir am dringendsten für das tägliche Leben brauchten. Uns ist ein Brief aus Budweis vom Mai 1942 erhalten geblieben, den Vater zum Muttertag geschrieben hatte.

In den ersten Kriegsjahren, als er in Böhmen stationiert war, brachte er öfter Sachen des täglichen Bedarfs mit nach Hause. Ich werde nie meine Freude vergessen, als ich einmal Weihnachten ein Paar neue ‚Schier‘ geschenkt bekam. Vater hatte sie aus Budweis für mich mitgebracht.

In den wenigen Tagen in der Heimat musste viel besprochen werden. Vater hörte sich die Probleme, die Sorgen und Ängste der Mutter und der Großmutter an. Gemeinsam trafen sie wichtige Familienentscheidungen für die nächste Zeit ohne ihn. Niemand konnte jedes Mal wissen, ob und wann wir uns alle glücklich wiedersehen würden.

In den ersten Monaten nach Kriegsende im Mai 1945 besetzten die Russen das Dorf. Nicht weit von unserem Haus in Richtung Oberdorf richteten sie die Kommandantur ein. Von dort kamen jetzt die Befehle, was die deutsche Bevölkerung zu tun und zu lassen hätte. Es herrschte Ungewissheit und Angst. Die Russen hatten mit ihren Verbündeten den Krieg gewonnen. Die russischen Soldaten und Offiziere waren weit entfernt von ihrer Heimat. Sie hatten in den Kriegsjahren schreckliche Dinge erlebt. Doch jetzt war Frieden. Niemand wusste, wie sie sich verhalten würden. Die Angst vor Rache und Vergeltung war groß. Aber noch größer war die tagtägliche Angst der Frauen vor Vergewaltigung. Diese war berechtigt, die Furcht vor betrunkenen Russen, die vor nichts zurückschreckten.

Die jungen Mädchen und Frauen versteckten sich in den Schränken, auf dem Boden oder in den großen Scheunen der Bauernhöfe. Um herauszufinden, ob Frauen im Haus lebten, kamen die Soldaten tagsüber an die Tür und baten um ein Glas Wasser. Inzwischen schliefen auch die Nachbarn mit ihren Kindern mit bei uns. Das bedeutete mehr Sicherheit für alle. Auch wir blieben von nächtlichen Besuchen nicht verschont. Durch die vielen Personen, vor allem Kinder, verließen sie nach der Durchsuchung einiger Zimmer unser Haus. Mutter hatte sich vorsorglich auf dem Boden versteckt.

Doch die Sache sollte noch ein unangenehmes Nachspiel haben. Die

Soldaten kamen am nächsten Tag noch einmal ins Haus und behaupteten, in der Nacht ihre Papiere bei uns verloren zu haben. Sie drohten mit der Erschießung unserer Mutter, wenn wir die Ausweise nicht sofort zurückgaben. Sie waren aber nicht im Haus, so dass die Situation sehr ernst wurde. Da rannte ich mit Günter so schnell wir konnten zum Kommandanten, erklärten ihm die Situation und baten ihn, mitzukommen und unsere Mutter zu retten. Zum Glück kannten wir den Kommandanten und er erinnerte sich auch an uns. Vor ein paar Tagen hatten wir den Russen beim Schweinschlachten zugesehen. Als wir mit dem Offizier zu Hause ankamen, waren die Soldaten weg. Allen fiel ein Stein vom Herzen und wir lagen uns in den Armen.

Die Dorfjungen hatten ein durchaus offenes Verhältnis zu den russischen Soldaten. Viele der Soldaten hatten selbst Kinder. Vielleicht lag es daran. Es war ein Geben und Nehmen. Sicher hörten wir die Ermahnungen der Erwachsenen, sahen die Angst in den Augen der Mädchen, aber diese Tage im Mai 1945 waren auch spannend und aufregend. Und sie waren anders als alles, was wir bisher kannten. Da die Schule geschlossen war, lag jeder neue Tag vor uns. Die Russen hatten einige Bauernhöfe besetzt, wo sie ihre Pferde unterbrachten. Am Tage wurden diese in die Koppel getrieben. Hin und wieder durften wir ein paar Runden reiten. Als Gegenleistung versorgten wir die Soldaten mit frischen Eiern, die wir beim Küchbrendler stibitzten. Wir kannten dort ein paar besondere Eierlegestellen abseits vom großen Hühnerstall.

Nach wenigen Wochen zogen die Russen ab und Polen kamen. Sie waren für uns genauso fremd wie vorher die Russen. Die Sprache verstanden wir nicht. Sie waren fremde Menschen in einem für sie fremdem Land. Seitendorf gehörte wie alle Städte und Dörfer der Oberlausitz zu Deutschland. Noch, muss man heute sagen. Bis zu jenem 22. Juni 1945, als die Vertreibung begann und die Neiße zum Grenzfluss zwischen Deutschland und Polen wurde. Fast alle

Einwohner mussten ihre Häuser verlassen. Nur wenige Deutsche konnten vorerst noch in Seitendorf bleiben, Ärzte, Handwerker, Bauern. Sie wurden gebraucht, um die Versorgung der polnischen Umsiedler sicherzustellen.

Wir kamen im zehn Kilometer entfernten Wittgendorf auf dem Bauernhof Schnitter unter. Da wir bei der Vertreibung nur die nötigsten persönlichen Sachen mitnehmen durften, fehlte es praktisch an allem. Wir waren auf Hilfe und Spenden der Schnitters und anderer Leute im Dorf angewiesen. Aber verschenkt wurde nur selten etwas.

Es fehlte am Anfang nicht nur an den Dingen des täglichen Lebens, sondern vor allem an Nahrungsmitteln. Es herrschte Hunger in den überfüllten Dörfern westlich der Neiße. Auf der anderen Seite standen unsere leeren Häuser mit all unseren Sachen. Das Getreide reifte auf den Feldern und das Vieh stand in den Ställen oder auf der Weide. Zumindest das, was die Russen nicht geschlachtet oder weggetrieben hatten. Niemand kümmerte sich um die Fütterung und das Melken der Kühe.

Die Situation wurde immer unerträglicher. Langsam fingen einige Deutsche an, ,durch die Neiße zu gehen'. Dieser Spruch gehörte in den nächsten Monaten zum täglichen Wortschatz der Vertriebenen, die nicht weiter als ein paar Kilometer hinter die Neiße gegangen waren. Alle hatten gehofft, dass die Ausweisung nur vorübergehend war, bis sich die politischen Zustände stabilisierten und Deutschland wieder regiert wurde. Aber wir sollten uns alle täuschen. Es gab kein Zurück mehr, jedenfalls kein dauerhaftes.

Immer öfter gingen mehrere Frauen gemeinsam in einer Gruppe nachts durch die Neiße oder über die Eisenbahnbrücke in Hirschfelde zurück in ihre Häuser. Auch unsere Mutter war dabei, viele Male von Günter begleitet. Wer nicht allein gehen wollte, nutzte die Hilfe von Schleusern. Trotz aller Vorsicht war es jedes Mal ein gefährlicher und anstrengender Marsch von über zehn Kilometern.

Mutter war total erschöpft, als sie vollgepackt mit allem, was sie noch tragen konnte, frühmorgens in Wittgendorf ankam. Ich kann mir bis heute nicht erklären, wo sie die Kraft dafür hernahm. Tagsüber zur Erntezeit die harte Arbeit auf den Feldern und nachts der weite Weg nach Hause. Welche Gedanken waren der Mutter durch den Kopf gegangen, als sie wieder und wieder in unserem leeren Haus stand? Überwog die Erleichterung, dass alles noch da war, dass wieder etwas gerettet werden konnte oder quälte sie die Erinnerung und der Schmerz über die neuen Lebensumstände? Wahrscheinlich gab es in diesen Momenten weder Zeit noch Raum für Gedanken. Der Rückweg war lang und nach dem glücklichen Durchqueren der Neiße blieb sicher genug Zeit, über das Schicksal nachzudenken.

Sie hat es für uns getan. Für uns sieben Kinder, von denen der Jüngste, Horst, gerade einmal zwei Jahre alt war. Unsere Mutter hat sich ihr Leben lang nie in den Mittelpunkt gestellt. Sie hat in der schweren Zeit unseretwegen gehungert und später jede Mark gespart, um uns all das zu ermöglichen, was andere Kinder auch konnten. Natürlich haben wir das als Kinder nicht so wahrgenommen. Erst später mit der eigenen Lebenserfahrung wurde mir deutlich, welche Verantwortung das Schicksal Mutter und Großmutter übertragen hatte.

Das Schwierigste in den ersten Monaten nach der Vertreibung und im darauffolgenden Winter 1945/46 war die Beschaffung von Lebensmitteln. Jeder musste nach seinen Möglichkeiten mithelfen. Wenn wir Kinder beim Bauern Kühe hüteten, gab es als Lohn eine dicke Wurstschnitte. Wir kamen abends nicht mit leerem Magen nach Hause.

Immer wieder gingen in anderen Familien auch die größeren Kinder mit durch die Neiße. Mehr Leute konnten einfach mehr Essbares aus dem eigenen Keller oder von den dort gebliebenen Bauern holen. Traudel war inzwischen auf einen Bauernhof in Seitendorf gezogen. Die umgesiedelte polnische Familie, die jetzt dort wohnte, brauchte ihre Hilfe und die Behörden ließen es für kurze Zeit zu. Günter und ich hatten Traudel ein paar Mal besucht, als wir im Frühjahr 1946 mitgehen durften. Anfangs sind wir mit Mutter und anderen Frauen mitgelaufen, später auch mit anderen Gruppen ohne unsere Mutter. Wir blieben dann meist für zwei bis drei Tage und versteckten uns in der Scheune auf dem Bauernhof, wo Traudel arbeitete.

Ein gemeinsamer Neißegang mit Mutter und Günter ist uns allen in besonderer Erinnerung geblieben. Wir waren eine Gruppe von ungefähr zehn Frauen und größeren Kindern. Zwischen Hirschfelde und Ostritz floss ein kleiner Bach in die Neiße, die Saupantsche. An der Stelle war bei normalem Wasserstand der Neiße der Übergang am ungefährlichsten. In dieser Nacht ging etwas schief. Wir sind zwar problemlos durch den Fluss gekommen, aber auf der anderen Seite erwarteten uns bereits polnische Soldaten. Sie mussten uns schon eine Weile beobachtet haben, denn sie warteten genau so lange, bis der letzte unserer Gruppe angekommen war.

Es half kein Betteln und Diskutieren. Wir wurden festgenommen und zur Kommandantur in den nun polnischen Teil von Hirschfelde gebracht. Auf dem Weg dahin sprach keiner von uns ein Wort. Jeder machte sich wohl so seine Gedanken, was passieren würde. Der Grenzübertritt war illegal. Das wussten wir. Welche Strafe würde uns erwarten? Der Kommandant hatte sich in einer früheren Zahnarztpraxis einquartiert. Wir wurden in den Keller gesperrt. Am nächsten Morgen bekamen wir erst etwas zu essen und dann unsere Strafarbeit. Wir sollten durch die verlassenen Häuser von Hirschfelde gehen und weißes Porzellan aus den guten Stuben der ehemaligen deutschen Bewohner einsammeln.

Die Sorgfalt beim Transport hätten wir uns sparen können, denn in der Kommandantur wartete für jeden von uns ein Hammer. Es klingt fast unglaublich, aber während wir bei Schnitters mühsam einen neuen Hausrat zusammenkauften, zerschlugen wir Tassen, Teller und Kannen von bestem Porzellan. Es soll auch Meißner Porzellan dabei gewesen sein. Doch damit nicht genug. Die unzähligen kleinen Stücke, die eher an einen Polterabend erinnerten, mussten anschließend vor dem Eingang der Villa so ausgelegt werden, dass der Kommandant bei einem Blick aus seinem Fenster auf einen polnischen Adler sehen konnte. Was für eine Demonstration der Macht. Vor ein paar Monaten gehörte das Land, die Häuser und das Porzellan den Deutschen. Das dritte Reich wurde zerschlagen genau wie das Porzellan, auch mit Hilfe der Polen.

Der Kommandant war mit unserer Arbeit offenbar zufrieden, denn nach ein paar Tagen wurden wir über die noch intakte Eisenbahnbrücke nach Deutschland abgeschoben. Wir kamen unversehrt bei unseren Familien an und nur das zählte. Großmutter und die Geschwister machten sich bereits große Sorgen. Sie hatten keine Informationen über unser Schicksal erhalten. Wie auch, wir waren ja nicht einmal in Seitendorf angekommen.

Das Leben ging weiter. Wir mussten uns in Wittgendorf einleben. Es gab keine andere Möglichkeit, auch wenn die Gerüchte und Hoffnungen auf eine Rückkehr nie ganz verstummten. Nach Gründung der Deutschen Demokratischen Republik wurde die Neiße im Görlitzer Abkommen von 1950 als Staatsgrenze offiziell anerkannt und von der Politik als Oder-Neiße-Friedensgrenze bezeichnet. Der Frieden zwischen ehemals verfeindeten Völkern sollte damit wohl gesichert werden.

Aber was war mit dem Frieden der Millionen Vertriebenen? Wie viele Generationen wird es wohl dauern, bis die Familien ihren Frieden mit der ungerechten Vertreibung aus der Heimat finden werden?

Wir richteten uns in Wittgendorf ein, auf dem Bauernhof Schnitter, in unserer großen Wohnstube, in der sich das gesamte Leben abspielte. Als ich 1950 aus der Schule ging, fand ich eine Lehrstelle in den Textilwerken Zittau. Nach zwei Jahren Ausbildung konnte ich

dortbleiben und wurde gleich im Schichtbetrieb als Brigadier eingesetzt. Ich verdiente mein erstes Geld und war mit dem Start ins Leben
der Erwachsenen zufrieden.

Die immer aufdringlicheren Versuche der Werbung für die Volkspolizei trübten zusehends meine Zufriedenheit. Woche für Woche gab es
Gespräche und der Druck wurde immer größer. Ich blieb standhaft. Das
war einfach nicht mein Leben. Ich konnte mir nicht vorstellen, Tag für
Tag mit der Waffe in der Hand die Grenze der DDR zu bewachen. Vielleicht war es die Begegnung mit den polnischen Grenzsoldaten während
der Neißegänge, die mich im Inneren davon abhielt. Damals war ich
froh, wenn sie uns nicht sahen oder nicht sehen wollten. Und jetzt
sollte ich das Gleiche tun? Menschen daran hindern, die illegal eine
Grenze überschreiten wollten und ganz sicher auch ihre Gründe hatten,
diesen gefährlichen Schritt zu wagen?

Irgendwann hatten die Genossen meine strikte Ablehnung akzep-
tiert, aber die Ruhe währte nicht lange. Der Aufbau des Kombinates
Schwarze Pumpe zur Brikettherstellung war das Prestigeobjekt der
neuen DDR-Führung. Wieder wurden massiv Freiwillige für den Auf
bau des Werkes geworben. Und wieder habe ich abgelehnt.

Mein Lebensplan war ein anderer. Mich interessierten Maschinen.
Ich wollte in der Textilbranche bleiben und nach ein paar Jahren Be-
rufserfahrung ein Studium beginnen. Schade nur, dass meine Vorstellungen so ganz und gar nicht in das Konzept der Lenker und Ent-
scheider des neuen Arbeiter- und Bauernstaates passten. Meine
Bewerbung für ein Ingenieurstudium in Chemnitz wurde abgelehnt und kurze Zeit später verlor ich auch meine Stelle als Brigadier.
Ich wurde in die Spinnerei versetzt und durfte Transportaufgaben
erledigen. Zum ersten Mal bekam ich die Macht der Diktatur am eigenen Leib zu spüren. Ich kehrte den Textilwerken den Rücken und
bewarb mich 1954 bei den Zittauer Phänomen-Werke. Von der Textilbranche in die Autobranche. Als Dreheranlehrling konnte ich wieder an

einer Maschine stehen.

Ein Jahr später holte mich auch in dem Autowerk die Vergangenheit wieder ein. Es gab noch immer keine Wehrpflicht in der DDR (die wurde erst 1956 mit Gründung der Nationalen Volksarmee eingeführt) und so ging die Werbung von Freiwilligen für die kasernierte Volkspolizei weiter. Ich hielt die ständigen Befragungen und den Druck nicht mehr aus. Ich wusste nicht, wie lange das noch so gehen sollte. Eines Tages fasste ich für mich selbst und ganz allein den Entschluss: „Ich will in den Westen."

Immer wieder hörte man von Bekannten und Freunden, dass junge Leute in den Westen Deutschlands gingen. Manche vorsätzlich, andere waren zu Besuch bei Verwandten und sind nicht mehr zurückgekommen. Seit 1949 existierten als Ergebnis des verlorenen Krieges zwei deutsche Staaten. Die DDR gehörte zum sogenannten Ostblock. Es war der nach Kriegsende von den Russen besetzte Teil des deutschen Reiches.

Die BRD schloss sich dem Westblock an und wurde von den Siegermächten USA, England und Frankreich unterstützt. In den fünfziger Jahren wurde die Grenze zwischen den beiden deutschen Staaten zwar bewacht, aber nach Einhaltung der Formalitäten war der innerdeutsche Reiseverkehr relativ problemlos möglich. Natürlich wollte der Staat wissen, wer, wann und wie oft in den Westen fuhr. Die Fahrten mussten bei den Ämtern angemeldet werden. Vor Fahrtbeginn wurde der Personalausweis der DDR eingezogen und ein Ersatzausweis, der im Westen eine bestimmte Gültigkeit besaß, ausgestellt.

Der Entschluss, für immer in den Westen zu gehen, war das eine, das tatsächliche Tun etwas anderes. Da gab es viele offene Fragen, aber ich konnte mit niemanden darüber reden. Das war zu gefährlich. Wo sollte ich hin? Was sage ich der Mutter und den Geschwistern? Was musste ich unbedingt mitnehmen? Wann war der günstigste Zeitpunkt?

Im Sommer 1955 war es dann soweit. Ich gab meinen Ausweis ab, nahm von einem gelangweilten Beamten dankend meinen Ersatzausweis entgegen und stieg in Zittau in den Zug Richtung Westen. Ich hatte keine Ahnung, was mich erwartete. Ein wenig kam wieder die Abenteuerlust der frühen Kindheit durch. Wie ich mit Günter auf dem Nachbarhof auf der Ziege geritten bin, wie wir in den verlassenen Häusern von Gießmannsdorf nach Schätzen suchten oder wie wir mit Onkel Wilhelm und seinem Schäferhund nachts auf Streife gingen.

Zehn Jahre später war es kein Spiel mehr. Ich war erwachsen und gerade dabei, meinem Leben eine völlig neue Richtung zu geben. Die schwerste Stunde war der Moment der Verabschiedung von meiner Mutter, der Großmutter und den Geschwistern. Ich traute mich nicht, die Wahrheit zu sagen. Für meine Familie war es eine normale Verabschiedung in den Urlaub. Für mich ein Abschied von zu Hause für eine lange Zeit. Mir fehlte einfach der Mut, mit der Mutter über meine Situation, meine Gedanken, Gefühle und Pläne zu reden.

Es war ein großer Fehler, der mir noch viele Jahre zu schaffen machte. Ich hatte meine Mutter hintergangen, war einfach abgehauen, ohne mit ihr darüber zu sprechen. Vielleicht hätte sie mich verstanden. Ich fühlte mich schuldig, weil ich sie, die alles für uns tat, gerade in dem Moment verlassen hatte, als ich etwas zurückgeben konnte. Die Großmutter war inzwischen über siebzig Jahre alt und Helmut und Horst, meine jüngeren Brüder, gingen noch zur Schule.

Der Zug rollte aus dem Zittauer Bahnhof. Ich kann heute nicht mehr sagen, welche Gedanken mir durch den Kopf gingen. Die Überquerung der Grenze verlief ohne Probleme. Mein Ersatzausweis war für einen Urlaubsaufenthalt korrekt ausgestellt. Meine wahren Absichten konnten die Grenzer zum Glück nicht bemerken.

Ich hatte mir die Adresse eines Bekannten aus Hörnitz besorgt. Er war ein paar Monate vorher in den Westen gegangen. So fuhr ich scheinbar endlose Stunden bis nach Essen im Ruhrgebiet, von dort weiter nach

Mühlheim bis nach Wülfrath. Dort erwartete mich der Bekannte, und ich verbrachte die erste Nacht bei ihm in einem umgebauten Bahnwagen. Ein paar Tage später fanden wir eine kleine Wohnung in Velbert, was sehr schwierig war. Die Betriebe wurden nach der Zerstörung des Krieges wiederaufgebaut und brauchten Arbeitskräfte. Aber der Wohnungsmarkt hielt nicht im gleichen Maße Schritt. Es kamen viele junge Leute aus dem Osten, auch aus der Zittauer Ecke. Wir trafen uns oft in der Freizeit und sprachen über Neuigkeiten aus der Heimat.

Bei der Arbeitssuche hatte ich Glück. Ich konnte ein paar Tage nach der Ankunft in einer kleinen Automatendreherei als Dreher anfangen. Ich war im Westen angekommen. Und wollte nicht mehr zurück.

Irgendwie musste ich es der Mutter, der Familie und den Freunden zu Hause mitteilen. Die Urlaubszeit war zu Ende und sie würden sich Sorgen machen. Ich hätte schreiben können. Ich hätte alles erklären können. Aber auch dazu fehlte mir der Mut, vielleicht auch die Zeit, denn das neue Leben in Velbert wartete auf mich. Ich schickte meiner Schwester Traudel in Alfeld eine kurze Nachricht, wo ich war und dass es mir gut ging. Traudel schrieb einen Brief nach Wittgendorf und teilte der Mutter meinen Entschluss mit. Es sollte auch eine Beruhigung sein, dass es mir gut ging. Das Gegenteil war der Fall. Die Geschwister verstanden meinen Schritt nicht, fühlten sich im Stich gelassen. Mutter war über meine Entscheidung sehr verärgert.

Sie kannte meinen Ärger und meine Unzufriedenheit mit den staatlichen Werbeversuchen der Volkspolizei. Aber Davonlaufen war für sie keine Lösung. Unsere Mutter hatte sich den Schwierigkeiten in ihrem Leben immer gestellt und sie gemeistert.

Ich galt für die DDR als Republikflüchtling und durfte in den folgenden Jahren nicht wieder einreisen. Ausnahmen gab es nur bei besonderen Familienanlässen. Am 9. Dezember 1957 starb

Großmutter Hulda in Wittgendorf. Ich bekam eine Aufenthaltsgenehmigung für vierundzwanzig Stunden. Da sich diese Zeitdauer auf das Betreten und Verlassen des Territoriums der DDR am Grenzübergang bezog, hätte ich nur wenige Stunden in Wittgendorf verbringen können. Es lohnte sich einfach nicht, und ich sagte die erste Chance auf ein Wiedersehen mit der Familie ab.

Weihnachten 1960 war es endlich soweit. Als junge Familie mit Kleinkind reisten wir mit dem Zug in den Osten. Nach über fünf Jahren konnte ich meine Mutter endlich umarmen. Es gab einiges zu erzählen und zu erklären. Ich stellte ihr meine Frau und ihr fünftes Enkelkind vor. Mutter hatte mir nach der langen Zeit verziehen und ich war froh darüber.

Die Wohnungsnot war in Velbert genau wie in anderen Städten sehr groß. Es kamen immer mehr Menschen aus der Ostzone, die in den Westen übersiedeln wollten. Im Jahr 1961 wurde eine neue Siedlung mit Reihen- und Einzelhäusern gebaut. Wir bewarben uns für ein Reihenhaus und brachten mit viel Mühe das nötige Eigenkapital auf. Ein Jahr später zogen wir stolz in das eigene Haus ein.

In den folgenden Jahren haben wir den Kontakt zur Mutter und den Geschwistern in der DDR so gut wie möglich aufrechterhalten. In den Ämtern und an der Grenze bekamen wir so manches Mal die Willkür der Beamten zu spüren. Als sich Ende der siebziger Jahre die Beziehung zwischen beiden deutschen Staaten weiter normalisierte, freuten wir uns auf das erste Zusammentreffen aller Geschwister und der Mutter in Westdeutschland. Der Anlass war die Silberhochzeit meiner Schwester Traudel im Jahr 1978.

Zum Schluss möchte ich noch über ein außergewöhnliches Ereignis in der Familie Jakob berichten, dass sich im Jahr 1966 ereignete. Meine jüngeren Brüder Helmut und Horst sollten dabei wichtige Rollen spielen. Es wurde wieder geheiratet bei Jakobs. Helmut und seine Frau waren das sechste Paar in der Familie. Die beiden gaben sich an einem

Samstag im Oktober 1966 in Jonsdorf das Jawort. Unsere Mutter und der Vater der Braut waren bei der Trauung auf dem Standesamt dabei. Eine große Feier war in Zittau nicht geplant, stattdessen wollten sich die frisch Vermählten in Berlin mit den Brüdern und ihren Familien treffen. Günter wohnte seit einigen Jahren in Berlin-Kaulsdorf. Helmut stieg mit seiner Frau in Zittau in den Zug nach Berlin und wurde von Günter am Bahnhof abgeholt. In der Wohnung warteten meine Schwägerin, meine Frau und ich mit einem Gläschen Sekt und den Vorbereitungen für eine kleine Party. Gold war in der DDR Mangelware. Wer seiner Braut zur Hochzeit goldene Ringe schenken wollte, brauchte entweder Beziehungen oder jede Menge Glück. Im Westen war das kein Problem. Wir waren froh, dass wir den beiden helfen konnten und schenkten ihnen zwei goldene Ringe zu ihrer Hochzeit.

Für den Sonntag planten wir einen gemeinsamen Familienausflug in den Treptower Park. Das Wetter war angenehm für Ende Oktober. Unsere Stimmung nach der kleinen Feier am Vorabend war gelöst und beim Frühstück hatten wir die Idee, auch unseren jüngsten Bruder Horst einzuladen. Ein gemeinsamer Tag aller vier Söhne der Jakobs war nur noch selten möglich, nachdem jeder seinen eigenen Weg eingeschlagen hatte.

Horst war in dieser Zeit bei der Bereitschaftspolizei in Potsdam stationiert. Günter kannte die Adresse. Wir schickten ihm am Sonntagmorgen ein Telegramm mit dem Wortlaut „Werner und Helmut bei Günter zu Besuch." Mit diesem Telegramm ging Horst zum Diensthabenden Offizier und bat um einen Urlaubsschein. Zu unserer großen Freude stand Horst tatsächlich in seiner schmucken Uniform Mittag in der Tür von Günters großer Stube. Die Fahrt nach Treptow konnte starten. Wir nahmen Helmut und seine Frau in unserem VW-Käfer mit. Hinter uns fuhren Günter und Horst im hellblauen Trabant. In Treptow fanden wir zwei freie Flächen auf einem großen Parkplatz, stellen unsere Autos nebeneinander und besprachen die beste Wanderroute durch den Park. Ein Spaziergang an der frischen Luft sollte uns allen guttun und zum Abschluss gab es sicher irgendwo einen Kaffee.

Was wir nicht ahnten, war, dass das Zusammentreffen von Westauto und Ostuniform der Bereitschaftspolizei schon längst Aufsehen erregte. Wir standen unter Beobachtung. Kurze Zeit später in der Gaststätte, ich hatte gerade das erste Stück des Berliner Pflaumenkuchens probiert, standen plötzlich zwei Polizisten an unserem Tisch und baten Horst, mit nach draußen zu kommen. Ich weiß nicht mehr, ob ich mich am Kuchen verschluckt habe, auf jeden Fall sahen wir uns alle ungläubig an und hatten ein flaues Gefühl im Magen. Wir machten uns Vorwürfe, vor allem Helmut, der ja gewissermaßen der Anlass für das Treffen war.

Horst wurde auf das nahe gelegene Polizeirevier gebracht und von zwei Genossen der Staatssicherheit verhört. Gegen Mitternacht kam ein Offizier seiner Einheit aus Potsdam und holte Horst ab. Am nächsten Morgen musste er seinen Vorgesetzten das 'Besondere Vorkommnis' erklären. Angehörigen der Bereitschaftspolizei war es ausdrücklich verboten, sich im Urlaub oder im Ausgang mit dem Klassenfeind zu treffen. Da spielte es keine Rolle, dass es sich um den Bruder oder andere Verwandte handelte.

Geistesgegenwärtig gab Horst bei der Vernehmung an, dass er aus dem Wortlaut des Telegramms nicht ahnen konnte, dass sein Bruder Werner aus dem Westen in Berlin war. Er war überzeugt, dass es sich um seinen Schwager Werner, dem Mann seiner Schwester Ruth, aus Oberseifersdorf handelte. Manchmal kann eine Namensgleichheit sogar eine brenzlige Situation retten. Wir waren alle erleichtert über den glimpflichen Ausgang der Hochzeitsfeier und hatten noch viele Jahre Gesprächsstoff bei so manchem Familientreffen.

Erinnerungen der Tochter Thea

Ich kann mich an keinen Tag erinnern, an dem Mutter gesagt hat, dass wir kein Geld hätten.

Ich wurde am 4. April 1938 als fünftes Kind nach meinen Schwestern Traudel und Ruth und meinen Brüdern Günter und Werner in Seitendorf geboren. Meine frühe Kindheit verbrachte ich in unserem Heimatdorf Seitendorf, wo ich 1944 mit sechs Jahren in die Schule eintrat. An dieses besondere Ereignis wie auch an die ersten Monate des Schuljahres kann ich mich heute kaum noch erinnern. Vielleicht liegt es an der schwierigen Zeit der letzten Kriegsmonate, als andere Dinge wichtiger waren und viele in Gedanken an den Ausgang des Krieges und an die Zukunft ihrer Familien und des Landes beschäftigt waren. Im Frühjahr 1945, als die Front näherkam, war an einen normalen Unterricht immer weniger zu denken. Die Fliegeralarme nahmen zu, und wir verbrachten so manche Stunde im Keller anstatt auf der Schulbank.

Es lag zwar ein ungewöhnliches erstes Schuljahr hinter mir, aber dass es auch mein letztes in Seitendorf werden sollte, konnte sich im Mai 1945 keiner vorstellen. Endlich Frieden! Wenn auch nach dem verlorenen Krieg die Angst und die Sorge um die Zukunft groß war, so konnte es nach über fünf schrecklichen Kriegsjahren eigentlich nur besser werden. Eigentlich!

Die Deutschen östlich der Neiße trauten ihren Ohren nicht und konnten es im ersten Moment nicht glauben, was auf Befehl des polnischen Kommandanten am 22. Juni 1945 vormittags vom Lautsprecherwagen verkündet wurde: „Die gesamte deutsche Bevölkerung hat sich bis mittags zwölf Uhr westlich der Neiße zu befinden." Wir mussten unsere Heimat, unser Dorf, unser Haus verlassen.

Mit einem Kastenwagen, einem Fahrradanhänger und einem Kinderwagen für neun Personen ging es bei großer Hitze zu Fuß über die staubigen Straßen, eingereiht in eine endlose Kolonne von Vertriebenen, nach Hirschfelde und weiter über Dittelsdorf bis nach Wittgendorf, wo meine älteste Schwester Traudel auf dem Bauernhof Schnitter für uns alle eine Bleibe fand. Es lagen nicht einmal sechs Kilometer zwischen den beiden Dörfern, aber ziemlich genau in der Hälfte überquerten wir die Neiße. Ein nicht allzu breiter Fluss, der über Nacht zum Grenzfluss wurde und eine Rückkehr in die Heimat für immer verhindern sollte. Ich weiß nicht, ob sich jemand unsere Situation nach der Vertreibung aus dem eigenen Haus und dem Verlust fast aller persönlichen Sachen überhaupt vorstellen kann, der Ähnliches nicht selbst erlebt hat. Auch ich konnte mit sieben Jahren nicht annähernd verstehen, was für eine Last und wie viele Sorgen auf der Mutter, der Großmutter und meinen älteren Geschwistern lag. Besonders die noch nicht einmal fünfzehnjährige Traudel war für die Mutter eine ganz wichtige Stütze bei der Neuorganisation des Alltags auf einem fremden Bauernhof in einem fremden Dorf.

Jeder hatte in den ersten Monaten in Wittgendorf seine Aufgabe. Unsere Großmutter musste neben ihrer Hausarbeit auf die zahlreichen kleinen Kinder im Hof aufpassen. Auch ich zählte mit meinen sieben Jahren wohl noch darunter, wenngleich ich hin und wieder auch schon mal auf meine kleineren Brüder Helmut und Horst aufpassen durfte. Das ganze Leben einer neunköpfigen Familie musste ohne den Rat und die starken Hände des Vaters neu geordnet werden. Dank der Großherzigkeit und Hilfsbereitschaft von Gertrud und Herbert Schnitter hatten wir wenigstens ein Dach über dem Kopf.

Mutter hatte sehr darunter gelitten, dass unser Vater nicht aus dem Krieg zurückgekommen war. Nach ihrer Hochzeit 1931 blieben nur neun Jahre in Seitendorf, die sie mit ihrem Mann und der größer werdenden Familie glücklich verleben durfte. Es folgten wenige Tage kurzen Wiedersehens während der Kriegsjahre. Niemand von uns konnte beim letzten Heimaturlaub im Frühjahr 1945 wissen, dass wir unseren Vater an diesen Tagen das letzte Mal sehen würden.

Wir haben immer gehofft, dass er die letzten Monate des Krieges und die russische Kriegsgefangenschaft überleben würde. Dass er eines Tages vor der Tür stehen und uns alle in die Arme nehmen würde. Ich kann mich noch gut daran erinnern, wie wir immer die zerlumpten Kriegsgefangenen angesehen haben, wenn sie beim Bauern in der Küche nach Essen bettelten und dann gierig das Brot und die Kartoffeln heruntergeschlungen hatten.

Jedes Jahr zu Weihnachten stand auf den Wunschzetteln von uns Kindern ganz oben, dass der Papa nach Hause kommen solle. Mutter hatte für seine Rückkehr viel gebetet. Sie war tief im Glauben an Gott verwurzelt und schöpfte daraus wohl die Kraft für jeden neuen Tag. Ich glaube nicht, dass sie auch nur einmal vergessen hat, vor dem Einschlafen dafür zu beten, dass Vater es schaffen würde zurückzukommen.

In den ersten Jahren nach dem Krieg war es weit verbreitet, das Ringpendel nach Leben und Tod des Ehepartners zu befragen. Der Ehering wurde vom Finger genommen und an ein Haar gehangen. Mutter legte ein Foto vom Vater auf den Tisch, das vom vielen Anfassen schon ein wenig mitgenommen war. Sie nahm das Haar am oberen Ende und hielt den Ring genau über das Bild. Was für eine Erleichterung, wenn sich der Ring langsam zu drehen begann. Mit Tränen in den Augen glaubte sie der Botschaft des Ringes und klammerte sich noch viele Jahre nach Kriegsende an den Strohhalm der Hoffnung auf eine glückliche Heimkehr ihres Mannes. Ich kann mich nicht mehr erinnern, wann es genau war. Aber eines Tages drehte sich der Ring über dem Bild nicht mehr.

Wir waren auf uns allein gestellt. Das Wichtigste in dieser Situation waren die Beschaffung des täglichen Essens und eine feste Bleibe für die nächste Zeit. In den ersten Tagen nach der Vertreibung waren mehr als fünfzig Personen, meist Frauen und Kinder, auf Schnitters Bauernhof. Die Schnitters brachten es einfach nicht über das Herz, jemanden wegzuschicken, wenn die Nacht bevorstand oder ältere Leute und Kinder vor Entkräftung nicht mehr weiterlaufen konnten. Es fand sich immer noch eine Kammer, die geräumt werden konnte, und auch die leeren Ställe waren kurzzeitig mit erschöpften, aber dankbaren Menschen belegt.

Viele von ihnen zogen am nächsten Tag weiter, manche mit einem bestimmten Ziel, andere einfach nur auf der Suche nach einer anderen Unterkunft bei Verwandten oder Bekannten. Wir hatten großes Glück und konnten in Wittgendorf auf dem Bauernhof bleiben. Außer uns blieben noch die Meusels und die Rönsches mit ihren Kindern und Großeltern, beides gut bekannte Nachbarn aus Seitendorf. Der 22. Juni 1945 brachte Gertrud und Herbert Schnitter eine Einquartierung von anfangs neunzehn Personen, die erst 1965 mit dem Umzug unserer Mutter mit Helmut und Horst beendet sein sollte.

Während unsere Nachbarn aus Seitendorf in der ehemaligen Wäschekammer unterkamen, wurde für uns Großfamilie die Gesindestube in der vorderen Ecke des Wohnhauses freigeräumt. Unsere ‚neue‘ Stube hatte zwei Fenster mit Blick auf den Hof, so dass die Mutter schnell mal nachsehen konnte, was zwischen Pferdewagen, Hühnern und dem in der Mitte des Hofes dampfenden Misthaufen passierte. Da die Fenster fast genau nach Süden zeigten, hatten wir vom Frühjahr bis zum Herbst die Sonne anliegen, was die Stube hell und warm machte. Ein großer Vorteil in dieser schwierigen Zeit.

Die zweite Fensterseite der Stube lag an der Giebelseite des Wohnhauses, die nach Osten zeigte. In dieser Richtung lag Seitendorf. Obwohl der Bauernhof im höher gelegenen Oberdorf und gleichzeitig auf der linken ansteigenden Bachseite lag, war der direkte Blick in das Heimatdorf durch den gegenüberliegenden Hügel versperrt. Erst wenn man noch höher bis auf den Weg hinter der Scheune ging, konnte man das Kraftwerk Hirschfelde und dahinter den hohen Turm der katholischen Kirche von Seitendorf erkennen.

Es war wie eine sichtbare Brücke in das bisherige Leben. Heute erzeugt dieser Gedanke ein kaum beschreibbares Gefühl der Nachdenklichkeit. Hat uns diese sichtbare und spürbare Nähe zum ‚alten‘ Leben vielleicht sogar geholfen, das ‚neue‘ Leben schneller zu akzeptieren?

Als Kinder hatten wir uns damals keine Gedanken darüber gemacht. Ich kann mir aber nur zu gut vorstellen, dass Mutter und Großmutter das mit anderen Augen sahen. Die Erinnerungen an das eigene Haus mit den vielen Zimmern und an die zurückgelassenen Sachen müssen schmerzlich gewesen sein. Was für ein Vergleich zu unserer jetzigen Situation mit einer Wohnstube und einer Schlafkammer für neun Personen (Traudel ist dann aber nur bis zum Herbst in Wittgendorf geblieben). Und trotzdem mussten wir zufrieden sein. Wir hatten eine freundliche und großherzige Familie mit einer sicheren Unterkunft gefunden.

Nachsicht und Toleranz hatten wir von Gertrud und Herbert Schnitter wahrlich bis an die Grenze in Anspruch genommen. Zwischen dem Hausflur und unserer Stube lag die große Küche der Bauernfamilie. Egal ob einer von uns oder von den fremden Kindern, die uns besuchten, hinein oder hinaus wollte, am Küchenofen von Gertrud Schnitter führte kein Weg vorbei.

Da es in der früheren Gesindestube nur einen alten, schon einmal ausgebrannten Kachelofen gab, wurde für uns links neben der Stubentür ein neuer kombinierter Ofen mit Herd gesetzt. Das Ofenteil hatte einen Turmaufbau mit eingebautem Röhr. Hinter der Metalltür verbarg sich ein wunderbarer warmer rechteckiger Schacht. Meist wurde im Röhr das Essen warmgehalten, wenn einer von uns später nach Hause kam.

In der kalten Jahreszeit lagen dort auch schon mal Schuhe und Mützen zum Trocknen. Sehr beliebt waren die angewärmten Ziegelsteine, die nach Verlassen der Röhre so schnell wie möglich in die Schlafkammer als Bettwärmer gebracht wurden. Damit sich keiner verbrannte und das

Bettlaken nicht schmutzig wurde, kam der Ziegelstein einfach in einen Scheuerlappen. In einem strengen Winter blieb die Temperatur in der Kammer öfter unter dem Gefrierpunkt. Einen Ofen gab es dort nicht.

Die Möbel waren im wahrsten Sinne des Wortes zusammengesucht. Einige standen bereits in der Gesindestube, andere waren irgendwo im Haus abkömmlich. Später hat Mutter auch im Dorf gebrauchte Möbel gekauft, darunter auch einen Sekretär. Jeder von uns Kindern hatte darin ein persönliches Fach, das groß genug war, um die eigenen Schulsachen ordentlich aufzuräumen. Ohne eine gut durchdachte Grundordnung für die vielen Dinge des täglichen Lebens wäre wohl bei acht Personen auf zweiundzwanzig Quadratmetern das Chaos unausweichlich gewesen. Natürlich musste die Ordnung jeden Tag aufs Neue von allen eingehalten werden, was manchmal gar nicht so einfach war.

Bei schlechtem Wetter war das Spielen in der Stube unsere Hauptbeschäftigung. Gespielt wurde meistens auf dem großen Tisch. Das Spiel war für uns erst beendet, als alle Sachen wieder an ihrem Platz lagen. Da es keinen eigenen Schrank für Spielsachen gab, musste das Büfett an der gegenüberliegenden Wand dafür genutzt werden. Hauptsächlich waren dort das Geschirr und andere Küchensachen übereinandergestapelt untergebracht. Anfangs hatten wir noch nicht viel davon. Tassen, Teller und Besteck reichten meist nur für eine Mahlzeit. Danach musste aufgewaschen werden, was Großmutter bereitwillig erledigte. Ruth und ich mussten beim Abtrocknen und Aufräumen helfen.

Vor allem bei den gemeinsamen Mahlzeiten traf sich die ganze Familie am großen Stubentisch, den ich eigentlich nur ausgezogen kenne. An den langen Seiten hatten jeweils drei Personen Platz und dazu zwei an jeder Stirnseite. Wir hatten alle unseren Stammplatz. Ich saß mit der Großmutter und Horst auf dem Sofa an der Wand neben dem Fenster. An der anderen Wandseite stand eine lange Bank, die bis zum Hoffenster reichte. Dadurch konnten an der schmalen Tischseite auch schnell mal zwei Kinder sitzen, wenn wir Besuch hatten.

Es kam öfter vor, dass Schulfreunde aus dem Dorf oder Annemarie und Christian, die Kinder von Schnitters, bei uns waren. Sehr gern spielten wir „Stadt, Land, Fluss, Name, Tier, Beruf". Dabei zählten ein gutes Gedächtnis und Schnelligkeit. Jeder Mitspieler machte sich eine Tabelle mit den Bereichen, aus denen später die Wörter stammen mussten. Dann wurde ein Anfangsbuchstabe ermittelt, der für eine Zeile der Tabelle gilt. Ein Spieler sagte laut den Buchstaben ‚A' und ging danach in Gedanken das Alphabet weiter durch, bis ein anderer Spieler ‚Stopp' rief. Der Buchstabe, bei dem der erste Spieler gerade war, wurde laut angesagt. Dann galt es, so schnell wie möglich, eine Zeile mit Wörtern mit diesem Anfangsbuchstaben auszufüllen. Wer als Erster fertig war, rief laut ‚Stopp'. Die anderen Spieler dürften dann nicht weiterschreiben. Es folgten noch weitere Zeilen mit anderen Buchstaben. Wer am Ende die meisten Wörter eingetragen hatte, war der Sieger.

Die Hausaufgaben und das Lernen kamen meist zu kurz, sehr zum Ärger der Mutter. Wenn unter der Klassenarbeit mal eine schlechte Zensur mit kurzen Bemerkungen des Lehrers stand, war die Unterschrift der Großmutter früh am Morgen kurz vor der Schule Gold wert. Mutter sollte sich nicht ärgern und da war es manchmal das Beste, wenn sie nicht alles wusste.

Die wohl größte Herausforderung an das häusliche Leben einer achtköpfigen Familie in einer Wohnstube war das Waschen. Es gab keinen Wasseranschluss im Zimmer und schon gar keine Möglichkeit, das schmutzige Wasser auszuschütten. Frisches Wasser konnten wir glücklicherweise nebenan aus der Bauernküche holen. Das war nur ein kurzer Weg. Der volle Eimer stand immer auf der Ofenbank.

Wenn man zur Stubentür hereinkam, war rechts in der Ecke, direkt hinter dem Schrank mit den Lebensmitteln, die Waschecke eingerichtet.

Zwei große Schüsseln standen jeweils auf einem Hocker. In der einen Schüssel wurde das Geschirr abgewaschen, welches danach zum Abtropfen in die andere kam. Morgens und abends waren dieselben Schüsseln die einzige Waschstelle für uns alle. Als Ablage für Waschsachen und Zahnputzbecher diente das breite Fensterbrett. Besonders nach dem Aufstehen mussten wir uns mächtig beeilen, um nach einem Teller Suppe alle pünktlich in der Schule zu sein.

Sonnabends wurde gebadet. Auch das musste irgendwie in der Stube organisiert werden. Einen anderen Raum gab es nicht. Bei so vielen Leuten kann man sich leicht vorstellen, dass auch alle anderen Sachen wie Spielen, Essen, Hausaufgaben und Lernen davon beeinträchtigt wurden. Natürlich wollte jeder geschützt vor den neugierigen Blicken der anderen in der Wanne sitzen und manchmal ein wenig träumen. Wir brauchten einen Sichtschutz, der schnell auf- und abzubauen ging. Die alte Holzwanne - später hatten wir dann eine Zinkwanne - wurde gleich neben den Ofen direkt vor die Kommode mit den Spielsachen gestellt. An der Kommode war ein Haken angebracht, an den der Anfang einer Wäscheleine eingehängt werden konnte. Für das Ende gab es wieder einen Haken an der hinteren Wand neben dem Buffet.

Damit der Platz für die Wanne groß genug war, musste die Leine mit einer Wäschestütze in die Mitte der Stube gezogen werden. Natürlich wäre die Stütze sofort umgefallen, wenn diese nicht von einer zweiten Leine und einem Haken an der Tür gehalten worden wäre. An die Leinen wurden Decken oder Bettlaken gehangen und so entstand eine Badekabine von vielleicht drei mal zwei Meter, in der jeder ungestört baden konnte. Ich weiß nicht, wer sich diese Konstruktion hatte einfallen lassen, aber es funktionierte. Not machte eben erfinderisch.

Außer der großen Wohnstube hatten die Schnitters für uns eine ehemalige Getreidekammer direkt über dem Kuhstall als Schlafkammer hergerichtet. In den ersten Wochen lag Stroh auf dem Boden, darüber eine Decke und eine weitere zum Zudecken. Später hatten wir vier große Betten und ein kleines Bett für Horst, der damals erst zwei Jahre alt war. Die Großmutter hatte ein Bett für sich allein. In den anderen drei Betten schliefen wir fünf Kinder und die Mutter jeweils zu zweit. In den Betten gab es keine Matratzen, sondern mit Stroh gefüllte Säcke, darüber eine Decke und ein Federbett zum Zudecken. Ein Federbett war bei der Flucht unten im Kinderwagen verstaut gewesen. Später brachte Mutter bei ihren illegalen nächtlichen Besuchen zu Hause noch andere Sachen mit.

Angst vor Mäusen durften wir nicht haben. Die Mäuse hatten lange nicht verstanden, warum aus Getreidekammern plötzlich Schlafkammern wurden. Wer vergessen hatte, seine Körner vom Ährenlesen an die Decke zu hängen, konnte sich am nächsten Tag nur noch über den leeren Sack ärgern. Einige Zeit später, als die Rönsches bei Schnitters ausgezogen waren, bekamen wir eine zweite Schlafkammer. Von da an hatte jeder sein eigenes Bett.

Das Leben musste weitergehen. Es war viel passiert im Jahr 1945. Der Krieg war endlich zu Ende. Die Sorge um die Rückkehr des Vaters blieb. Wir wurden aus der Heimat vertrieben. Wir fanden eine neue Unterkunft in Wittgendorf. Das Leben ging weiter.

Das Wichtigste war die tägliche Beschaffung von Lebensmitteln für die große Familie. Danach kam die schrittweise Einrichtung der Wohnung. Nur sechs Kilometer entfernt stand unser Haus mit allen Sachen, die eine Familie brauchte. Wir durften ja nur so viel mitnehmen, wie wir tragen und auf Handwagen ziehen konnten. Vater hatte in seiner Sorge um uns alle wichtigen Papiere des Hauses und der Familie in eine Tasche getan. Mutter wusste auch genau Bescheid, wo sich Geld und Schmuck befanden. Niemand konnte vorhersagen, wie die letzten Kriegsmonate in Seitendorf verlaufen würden.

Unser Vater musste im Frühjahr zurück an die Front und glaubte wohl nicht daran, dass er bei Ende des Krieges bei uns sein würde. Er war ein gewissenhafter und verantwortungsvoller Mensch, der immer auch an die Zukunft dachte. Mit seiner Vorsorge hat er uns gewissermaßen auf die Flucht vor den Russen vorbereitet. Dass es letztlich keine Flucht, sondern eine Vertreibung in Friedenszeiten war, hatte er sich sicher niemals vorstellen können.

Mit dem geretteten Geld hat Mutter und anfangs auch Traudel das Notwendigste bei Leuten im Dorf gekauft. Alles gebrauchte Sachen, die fast immer ihr Geld nicht wert waren.

Während Großmutter die Hausarbeit erledigte und auf die Kinder aufpasste, ging unsere Mutter arbeiten, um Geld zu verdienen. Sie war nicht wählerisch, hatte zeitweise zwei oder drei Arbeitsstellen gleichzeitig. In den Sommermonaten bis hinein in die Erntezeit im Herbst gab es auf den Bauernhöfen bei Schnitter und Schönfelder genug zu tun. Mutter hat auch für Leute im Dorf Wäsche gewaschen und andere Arbeiten erledigt. Lange Zeit ging sie samstags am Nachmittag zum Bäcker Oehme im Niederdorf, die Backstube und den Verkaufsraum saubermachen. Dann wurde es meist spät am Abend, bis sie wieder zurückkam.

In meiner Schulzeit kam es vor, dass ich der Mutter manchmal in der Schule begegnete. Im Winter ging sie früh sehr zeitig zum Heizen, so dass Großmutter uns wecken, die Suppe kochen und pünktlich in die Schule schicken musste. Nach dem Unterricht kam die Mutter noch einmal in die Schule gegenüber der Kirche und machte die Klassenzimmer sauber. Eine Zeit lang bekamen alle Kinder in der Schule eine dicke Wurstschnitte. Da Mutter für die Zubereitung verantwortlich war, mussten wir Kinder, nicht immer mit Begeisterung, am Tag zuvor mit dem Leiterwagen beim Bäcker Brote holen. Wir haben uns dabei abgewechselt, so dass jeder mal dran war.

Dank des unermüdlichen Einsatzes unserer Mutter und der kleinen Rente der Großmutter kamen wir in den schwierigen Jahren nach der Vertreibung über die Runden. Jeder von uns hatte nach seinen Möglichkeiten zum Leben beigetragen. Wenn wir Kühe hüteten, gab es eine Wurstschnitte als Lohn, und wir kamen mit einem vollen Magen zurück. Später haben uns die Pakete von der Traudel aus dem Westen sehr geholfen.

Mutter war eine gute Hausfrau. Sie konnte mit Geld umgehen. Ich kann mich an keinen Tag erinnern, an dem Mutter gesagt hat, dass kein Geld da wäre für etwas zum Essen. Sie war auch handwerklich sehr begabt. Vielleicht war es auch die Not, die vieles fertigbrachte. Sie hat mehrmals die Liege oder das Kanapee neu mit Stroh belegt und neuen Stoff darüber gespannt. Kein Wunder bei der nicht immer schonenden Benutzung durch uns Kinder. Bei den Stühlen hat sie Sitzflächen und Rückenlehnen mit Bastfäden neu geflochten. Da machten sich die vielen Stunden in Vaters Werkstatt in Seitendorf bezahlt, die sie ihm bei der Arbeit geholfen hatte. Schuhe wurden, wenn irgendwie möglich, selbst repariert, da hatte sie einen alten Dreifuß wie ein Schuster.

Das Stricken und Stopfen der zahlreichen Löcher war die tägliche Arbeit der Großmutter. Sie achtete jeden Morgen darauf, dass wir ordentlich angezogen in die Schule gingen. Wirklich neue Sachen gab es selten. Hosen, Pullover, Blusen und Röcke wurden von einem zum anderen weitergegeben, bis nichts mehr zu stopfen oder zu nähen war.

Besonders die Anziehsachen und Schuhe, die wir zum Spielen trugen, mussten einiges aushalten. Mag sein, dass es bei den Jungs noch schlimmer war, wenn sie auf Bäume kletterten und über Zäune stiegen, aber auch bei uns Mädchen kam es vor, dass die Strümpfe ein Loch hatten oder ein Knopf an der Jacke fehlte. Einmal habe ich beim Spielen in der Scheune Mutters gutes Kopftuch verloren. Ich weiß nicht mehr, wer alles mit mir nach dem Tuch gesucht hat. Aber alles Suchen und Weinen half nichts. Wir haben es nicht wiedergefunden. Ich war mir damals sicher, dass es die Kühe gefressen hatten. Aber fressen Kühe wirklich Kopftücher?

Dabei war das Spielen in der Scheune so eine Art Geheimtipp, nicht nur bei schlechtem Wetter. Die Kutsche war eine geeignete Theaterbühne. Die Spieler saßen mit den Puppen in der Kutsche, die Zuschauer einfach auf Strohballen davor. In der Scheune gab es viele brauchbare Sachen, um eine Wohnung einzurichten und das beliebte Spiel ‚Vater-Mutter-Kind‘ mit wechselnder Besetzung zu spielen.

Aber kaum etwas ließ sich so vielseitig nutzen wie ein einfacher Strohballen. In den hohen Stapeln hatten wir uns mit den bloßen Händen Gänge freigegraben, die sich beim Verstecken spielen als sehr nützlich erwiesen. Das besondere Erlebnis, wenn auch mit einigem Kribbeln im Bauch, war das Herunterrutschen von zumindest aus Kindersicht ziemlich hoch aufgestapelten Strohballen. Das war immer dann möglich, wenn die Dreschmaschine auf dem Hof stand und das Getreide gedroschen wurde.

So ganz ungefährlich war das Spielen in der Scheune wohl nicht. Der Schnitterbauer und unsere Mutter ermahnten uns immer wieder zur Vorsicht, wenn sie abends beim Waschen unsere zerstochenen Füße und Beine gesehen hatten.

Bei schönem Wetter waren wir weder in der Stube noch in der Scheune zu finden. Da spielte sich das Kinderleben nach den Hausaufgaben draußen im Hof, auf den angrenzenden Wiesen oder auf der Straße ab. Es gab jede Menge Spiele, die mit einfachen, oft selbst hergestellten Spielsachen oder Naturmaterial auskamen. Für neue Sachen war kein Geld da. Mit alten Fahrradfelgen spielten wir Reifenkullern auf der Dorfstraße. Mit einem kleinen Stöckchen musste immer wieder auf die rollende Felge geschlagen werden, so dass diese in die richtige Richtung rollte und nicht umfiel. Unsere Lieblingsspiele waren Kästchenhopse, Seilspringen, Stelzenlaufen und Völkerball. Es gab in der Nachbarschaft viele Kinder, so dass es kein Problem war, zwei Mannschaften mit jeweils fünf Spielern aufzustellen.

Kann sein, dass es an den schönen Spielernamen lag, jedenfalls war

Rangball eines meiner Lieblingsspiele. Sechs Kinder schlüpften in die Rolle von Kaiser, König, Edelmann, Bauer, Bürger und Bettelmann. Wir standen alle in einer Reihe, jeder in einem aufgezeichneten Kreis. Dann warf eines der Kinder den Ball hoch in die Richtung eines anderen und rief dessen Namen, damit dieser wusste, dass er den Ball fangen musste. Wenn er das schaffte, ohne seinen Kreis zu verlassen, blieb er stehen und warf den Ball zum nächsten Spieler. Musste er aber seinen Platz verlassen, konnten alle anderen Kinder, die sich in der Rangfolge verbessern konnten, in seinen Kreis springen. Besonders begehrt war natürlich der Kaiser. Ich glaube, das Spiel war deshalb so beliebt, weil sowohl Ballfangen geübt als auch Geschicklichkeit und Schnelligkeit gefragt waren.

Ja, wir haben viel gespielt, aber auf einem Bauernhof gab es fast das ganze Jahr über eine Menge Arbeit. Da mussten auch wir Kinder nach unseren Möglichkeiten mithelfen. Kühe hüten und Getreidegarben in einer langen Reihe auf den Scheunenboden stapeln sind nur zwei Beispiele. Nicht immer hat das Spaß gemacht.

Herbstferien waren Kartoffelferien. Maschinen trennten das Kraut von den Knollen, sammelten es zusammen und beförderten die vielen großen und kleinen Kartoffeln ans Tageslicht. Dann begann unser Einsatz. Die scheinbar leichte Aufgabe bestand darin, alle Kartoffeln in einem Weidenkorb zu sammeln. Jeder bekam eine Furche zugeteilt, die meist so lang war, dass ich das Ende gar nicht sehen konnte. Das Bücken war mühsam und der immer voller werdende Korb, den man bis zum Ausleeren mit sich tragen musste, ziemlich schwer.

Nach getaner Arbeit freute ich mich wie alle anderen auf das Verbrennen des Kartoffelkrautes auf dem Feld. Dann wurden Kartoffeln in die Glut gelegt. Spannender war es, wenn wir selbst eine Kartoffel an einem langen, angespitzten Stock in das Feuer halten konnten. Die weich gekochten Kartoffeln wurden geschält und schmeckten köstlich. Am Feuer wurden lustige Geschichten erzählt und es gab viel Spaß und

Neckereien. Mein Bruder Werner war immer schon ein kleiner Schelm. Einmal gab er mir eine Kartoffel aus dem Feuer. „Thea, kannst du mal schnell halten, ich hole nur einen neuen Stock." Die Kartoffel war so heiß, dass ich sie gleich wieder fallen ließ, mir aber trotzdem die Finger verbrannte.

Zum Feierabend durften wir mit dem Kartoffelwagen heimfahren. Ich habe das immer als Dank für die schwere Arbeit empfunden und auf dem Hof angekommen, waren die Strapazen des Tages auch schon fast wieder vergessen.

Für Kinder ist Weihnachten immer eine besondere Zeit. Sicher sind die Geschenke am Heiligabend aufregend und wichtig, zumal es in der Nachkriegszeit das Jahr über nur notwendige Sachen zum Leben gab. Wir konnten uns keine Extra-Geschenke ohne Anlass leisten. Schon deshalb war Weihnachten jedes Jahr etwas Besonderes. Aber es war nicht allein der Heiligabend, der Tag, an dem Jesus geboren wurde. Die gesamte Adventszeit war eine Zeit der einmaligen Arbeiten, Beschäftigungen und Heimlichkeiten. Der Adventskranz hing als Zeichen der bevorstehenden Weihnacht über dem Sofa in der Stubenecke. An jedem Sonntag wurde eine Kerze mehr angezündet. An der Länge der abgebrannten Kerzen konnte man ablesen, wie weit es noch bis Heiligabend war. Natürlich hatten wir auch einen Adventskalender und wussten genau, in wie vielen Tagen der geschmückte Christbaum in der Stube stehen würde.

An den Adventssonntagen nahmen sich Mutter und Großmutter immer besonders viel Zeit für die Familie. Wenn es draußen dunkel war und die Kerzen am Adventskranz brannten, wurde gemeinsam gesungen, gespielt und erzählt. Schattenspiele waren sehr beliebt. Werner war unser Spaßmacher. Ich habe ihn bewundert, mit welchen spontanen Einfällen und Phantasien er uns zum Lachen brachte.

Der Nikolausabend am sechsten Dezember war so eine Art kleine Generalprobe für Heiligabend. Wir warteten auch an diesem Tag auf kleine Geschenke, aber die Anspannung und Aufregung war viel größer. An den Geschenken, die am Morgen in den Strümpfen steckten, konnte jeder ablesen, ob er das ganze Jahr artig war oder nicht. So gesehen war es eine Art Zeugnis des Sankt Nikolaus über unser Benehmen. Irgendwie waren wir beides, denn meistens fanden wir in einem Strumpf Pfefferkuchen und im anderen ein Stück Holz oder Kohle.

Es passierten auch andere aufregende Dinge in der Adventszeit. Einmal klopfte der Weihnachtsmann, der durch das Dorf fuhr und die Kinder besuchte, an die Tür und wollte uns Kinder sehen. Mich fragte er, ob ich denn immer brav gewesen sei, was ich natürlich bejahte und zum Glück auch sofort ein Gedicht aufsagen konnte. Dem Schnitter Christian erging es da schon schlechter. Ihm fiel im Angesicht des Weihnachtsmannes mit seinem roten Mantel und dem langen weißen Bart partout kein Weihnachtslied ein. Kurzerhand stopfte er den armen Christian in seinen großen Sack, so dass nur noch der Kopf zu sehen war. Wir haben alle geschrien und geweint und damit wohl sein Leben gerettet. Jedenfalls dachten wir das damals.

‚So viel Heimlichkeit in der Weihnachtszeit', ein schönes Weihnachtslied, was ich wie viele andere auswendig kannte. Adventszeit war immer schon die Zeit der Heimlichkeiten. Jeder wollte einem anderen am Heiligabend eine Freude bereiten, der Mutter oder Großmutter, den Geschwistern oder Freunden. Da wurde gebastelt, geschnitzt, gestrickt und gehäkelt. Meistens heimlich, damit es auch wirklich eine Überraschung blieb. Was bei einer Stube für alle gar nicht so einfach war.

Ganz und gar nicht geheim war das Plätzchenbacken. Der Plätzchenteig wurde mit dem großen Nudelholz so lange gerollt, bis er nur noch so dick war wie ein großes Geldstück. Es gab verschiedene Formen zum Ausstechen. Ich hatte am liebsten Sterne und Herzen ausgestochen, es gab aber auch Dreiecke, Tiere und Bäume. Mutter achtete immer darauf, dass wir die Formen möglichst dicht nebeneinandersetzten, damit nicht so viel Teig übrigblieb. Wir wollten das Gegenteil, denn der restliche Teig wurde unter uns Kindern verteilt und schmeckte köstlich.

Da wir selbst keinen Backofen hatten, mussten die ausgestochenen Plätzchen zum Bäcker gebracht werden. Auch der Stollen wurde im großen Backofen der Bäckerei Oehme im Mitteldorf gebacken, wobei die Zutaten von uns geliefert werden mussten. Viele Familien im Dorf ließen ihren Stollen, Zucker- und Streuselkuchen sowie die Weihnachtsplätzchen beim Bäcker backen. Deshalb war es besonders wichtig, dass auf jedem Kuchenblech der Name des Kunden erkennbar blieb. Auf kleinen länglichen Metallschildern war der Familienname eingestanzt. Die Schilder verschwanden mit im Backofen und konnten jedes Jahr wiederverwendet werden. Sicher, wir waren eine große Familie, aber ich glaube, früher wurde mehr gegessen als heute. Zum Abholen der Backwaren sind wir jedes Jahr mit dem Leiterwagen gefahren.

Weihnachten ohne Kirche war für uns nicht vorstellbar. Wie sollte es auch, war doch die Weihnachtsgeschichte und die Geburt von Jesus Christus die zentrale Botschaft der Bibel. Das Krippenspiel in der Christnacht war der Höhepunkt des Religionsunterrichts. Jeder wollte in seiner Schulzeit einmal mitspielen, egal in welcher Rolle. Ich war richtig stolz, als ich ein Jahr als Engel vor dem Altar stand und aufgeregt in die gespannten Gesichter der Kirchenbesucher sehen konnte. Mein Engelsgewand bestand aus einem zusammengenähten Bettlaken von Schnitters, mit einer Goldborte gehalten. Mit meinen langen Haaren erschien ich als blonder Engel und war glücklich.

Das Krippenspiel wurde in der Adventszeit mehrfach geprobt. Ich glaube, der Kantor brauchte viel Geduld bis alle ihren Text gelernt und das Spiel seinen Vorstellungen entsprach. Ich kannte den Kantor aus dem Religionsunterricht und dem Kirchenchor. Genau wie Ruth und Werner war ich anfangs im Kinderchor und später dann bei den Erwachsenen. Der Kinderchor probte jeden Samstagnachmittag. Oft hatten wir nachher mit dem Kantor Gesellschaftsspiele gemacht, die wir sonst selten spielten. Das waren richtig schöne Nachmittage, an die ich mich gern erinnere.

Ein Auftritt mit dem Chor war immer aufregend und nebenbei auch lohnend. Für den sonntäglichen Gottesdienst gab es zehn Pfennige, für besondere Anlässe wie Hochzeiten und Beerdigungen sogar fünfzig Pfennige. Es war eine kleine Anerkennung, die bei mir meist in die Sparbüchse wanderte.

Endlich Weihnachten! Es ist eine gute und lange Tradition aus unserer Heimat, dass der Christbaum erst am Heiligen Abend nachmittags geschmückt wird. Die Jungen waren gleich nach dem Frühstück verschwunden und gegen Mittag stand ein gut gewachsener Tannenbaum in der Stube. Ich weiß nicht, wo sie ihn hergeholt haben. Für mich war das auch nicht wichtig. Wichtig waren das Schmücken des Baumes und die Vorbereitungen für den Abend. Die glänzenden Kugeln in den verschiedenen Farben mussten wir zu Hause in Seitendorf lassen. Der Christbaumschmuck der ersten Jahre in Wittgendorf waren selbst gebastelte Strohsterne und Sterne aus Buntpapier, beklebte Streichholzschachteln und lange Ketten. Zusammen mit den Kerzen wurde es trotzdem jedes Jahr ein schöner Baum, der unsere Kinderaugen zum Leuchten brachte.

Heiligabend wurde mehrmals gegessen. Gerade in der Advents- und Weihnachtszeit war die Pflege von Traditionen eine wichtige Sache. Weihnachten ohne Bratwurst, Mauke und Sauerkraut war einfach nicht vorstellbar. Ebenso die leckeren Mohnklöße, die Mutter oder Großmutter nach einem alten Rezept selbst machten. Und spät abends durfte auch endlich der Stollen angeschnitten werden.

Das Schmücken des Tannenbaumes, das leckere Essen, der Besuch der Christnacht in der Kirche – all das waren besondere Ereignisse des Weihnachtstages. Aber der mit Spannung erwartete Höhepunkt war für uns Kinder der Besuch des Weihnachtsmannes und seine mitgebrachten Geschenke. Obwohl es in dieser Zeit nicht viele Geschenke gab, war die Spannung und Vorfreude riesig. Manchmal hatte es geschneit, als wir nach der Christnacht von der Kirche zurückgingen. Wir fingen die dicken Schneeflocken mit der Zunge auf. Es wurde gesungen und gelacht. Die Jungen konnten es nicht lassen, sich gegenseitig und die Mädchen mit Schneebällen zu bewerfen.

Als wir die Gasse zu Schnitters hochrannten und auf den Hof einbogen, kamen uns Annemarie und Christian schon entgegen. Wir sollten, so schnell es ging, in ihre gute Stube kommen. Der Weihnachtsmann hatte bereits die Geschenke unter den Tannenbaum gelegt. Während wir uns alles staunend ansahen, hatten wir freilich verpasst, wie er in unserer Stube die Geschenke verteilte. Als wir endlich eintreten durften, war der Mann mit dem roten Mantel zwar nicht mehr da, aber jeder hatte auf seinem Platz ein Päckchen gefunden.

Unsere Geschenke waren meist praktische Sachen wie Unterwäsche, Strümpfe und Hausschuhe. Aber es gab auch Spielsachen. Ich kann mich noch gut an die Puppenstube aus Pappe mit zwei Zimmern und kleinen Puppen aus Stroh erinnern. Ruth hat später für meine Puppen Sachen zum Anziehen gestrickt.

Mit zwölf Jahren bekam ich mein wohl schönstes Geschenk, ein neues Kleid. Es war aus dunkelrotem und dunkelblauem, kleinkariertem Stoff, hatte einen Glockenrock und lange Ärmel. Das Oberteil war vorn zum Knöpfen. Das Kleid war von Frau Rimpler genäht worden. Sie war eine Schneiderin aus Seitendorf und wohnte jetzt in Oberseifersdorf. Frau Rimpler hatte schon zu Hause in Seitendorf für uns drei Mädchen gleiche Kleider genäht. Für Horst und Helmut hatte Günter Tiere für einen Bauernhof geschnitzt. Werner bekam sogar ein Paar ‚Schier‘ und später Schlittschuhe.

Etwas ganz Besonderes war die Dampfmaschine, die die beiden großen Jungs bekamen. Damit konnten die Sachen, die sie mit dem Metallbaukasten gebaut hatten, angetrieben werden. Wir saßen dann alle gespannt um den großen Tisch und haben das Ergebnis bewundert.

Wenn es dann wie geplant funktionierte, waren Günter und Werner richtig stolz. Und wir mit.

Weihnachten war das Fest der Familie. Heiligabend haben wir gemeinsam gespielt, gesungen und uns über unsere Geschenke und die der anderen gefreut. An diesem Tag wurde uns immer wieder bewusst, dass die Traudel fehlte. Unsere älteste Schwester war im Herbst wieder zurück nach Seitendorf gegangen. Als im Juli 1946 auch die wenigen noch verbliebenen Deutschen das Dorf verlassen mussten, kam sie in den Westen Deutschlands und baute sich unter schwierigen Bedingungen ihr eigenes Leben auf.

Wir haben oft an Traudel gedacht und umgekehrt war es genauso. Jedes Jahr schickte sie uns ein Weihnachtspaket mit Sachen, die es im Osten nicht gab oder die wir uns nicht leisten konnten. Schokolade, Apfelsinen, Feigen und so manche Überraschung warteten beim Öffnen ihres Paketes auf uns. Wir saßen alle gespannt und neugierig am Stubentisch, dachten an unsere Traudel und waren ihr dankbar für alles. Es waren gerade mal etwas mehr als zwei Monate nach der Vertreibung vergangen, da sollte sich unser Leben in der neuen Umgebung mit dem Schulbeginn weiter normalisieren. Kann sich das Leben mit seinen alltäglichen Gewohnheiten überhaupt wieder normalisieren, wenn Menschen gewaltsam aus ihrer Heimat vertrieben werden, alles verlieren und in der Fremde mit leeren Händen neu anfangen müssen?

Für die Erwachsenen, für unsere Mutter und Großmutter, die nicht nur für sich selbst, sondern auch für die Kinder Verantwortung trugen, muss dieser Neubeginn und die Last sehr schwer gewesen sein. Ich weiß nicht, ob unsere Mutter nach den schweren Schicksalsschlägen jemals wieder die Normalität des Lebens in Seitendorf erreicht hat. Es war ihr äußerlich kaum anzumerken. Sie sprach nur selten mit uns über die Zeit in Seitendorf und über ihre Gefühle. Sie hatte tagtäglich für uns gelebt und gekämpft. Wir sollten es einmal besser haben und mit einer guten Ausbildung unseren eigenen Weg finden.

Bevor es soweit war, begann für vier Jakobs, Günter, Werner, Ruth und mich, im September 1945 die Schule in Wittgendorf. In den Sommermonaten hatten wir uns mehr oder weniger an die neuen Lebensbedingungen und die neue Umgebung gewöhnt. Ich glaube, Kinder hatten weit weniger Probleme damit, eine neue Situation, die sie selbst nicht ändern konnten, zu akzeptieren.

Natürlich fehlte uns die vertraute Umgebung unseres Hauses, der Garten mit dem angrenzenden Dorfbach und die gewohnten Spielplätze in Seitendorf. Jetzt lebten wir auf einem Bauernhof mit neuen Erlebnissen, und auch das ‚neue Dorf‘ wollte mit Kinderaugen erkundet werden. Kinder denken weniger an Vergangenes. Sie leben in der Gegenwart und das Leben ist wohl die beste Medizin gegen Traurigkeit. Geholfen hatte uns sicher die Gemeinschaft der vielen Kinder, meist Vertriebene wie wir, aber auch Dorfkinder, mit denen in der gemeinsamen Schulzeit neue Freundschaften entstanden.

Die Schule begann mit der Einteilung der vielen neuen Kinder aus den Familien der Vertriebenen in die bestehenden Klassen. So entstanden Klassen mit über dreißig Kindern. Für mich war es wie eine zweite Einschulung. Ich ging zwar in die zweite Klasse, aber in eine neue Schule mit neuen Lehrern und neuen Klassenkameraden. Zudem verlief das erste Schuljahr in Seitendorf ziemlich turbulent, wenn ich nur an die vielen Stundenausfälle wegen Fliegeralarm im Frühjahr denke.

Der Seitendorfer Lehrer Klaus war einer der wenigen aus der alten Zeit, die weiter in Wittgendorf unterrichten durften. Alle Lehrer wurden auf ihre Nazi-Vergangenheit überprüft. Die Lücken wurden mit sogenannten Neulehrern geschlossen. In Schnellkursen wurden geeignete junge Männer und Frauen zu Lehrern ausgebildet. Meist waren diese ihren Schülern im Stoff nur ein paar Schulstunden voraus und hatten nur selten pädagogische Kenntnisse.

Mutter hatte für jedes von uns Schulkindern einen Ranzen und die wichtigsten Sachen für den Unterricht besorgt. Ruth hatte ihren

Ranzen bei der Vertreibung als Tasche benutzt, so dass sie keinen neuen brauchte. Stolz war ich auf mein Schieferkästchen. Vater hatte es mir zum Schuleintritt aus Russland geschickt. Ich war froh, als mir Mutter dieses Erinnerungsstück bei einem ihrer nächtlichen Neißegänge von zu Hause mitgebracht hatte. Ich habe das Schieferkästchen heute noch.

Bücher bekamen wir von der Schule. Bei den vielen Kindern kam es öfter vor, dass sich zwei Kinder aus der Nachbarschaft ein Lesebuch teilen mussten. Dieses wurde dann nachmittags weitergegeben oder die Hausaufgaben wurden gleich gemeinsam erledigt, was auch so seine Vorteile hatte.

Meine Lieblingsfächer waren Deutsch und Rechnen. In anderen Fächern kam es schon mal vor, dass ich das Läuten der Schulklingel, die im Gang hing und nicht zu überhören war, herbeisehnte. Die Pausen verbrachten wir meistens draußen auf dem Schulhof. Die Mädchen beschäftigten sich mit Kreisspielen und Kästchenhopse. Die Jungen spielten Fußball oder andere Ballspiele. Streitigkeiten und kleine Rangeleien gab es immer mal wieder, bis die Lehrer die Streithähne zur Rede stellten.

Da die Schule keine Turnhalle hatte, fand der Sportunterricht im Freien statt, solange es das Wetter zuließ. Im Winter wurde einfach ein großes Klassenzimmer zum Sportraum umgeräumt. Die Jungen schoben die Bänke und Stühle an die Seite und stellten Barren, Reck und Seitpferd auf. Auf dem Stundenplan stand Geräteturnen, nicht gerade meine Lieblingssportart.

Sehr beliebt waren die Wandertage. Mit den Klassenkameraden und Lehrern einen ganzen Tag in der Natur zu verbringen und Neues kennenlernen, das waren immer willkommene Abwechslungen und Höhepunkte des Schuljahres. Ich freute mich schon ein paar Tage vorher darauf und meinen Freundinnen ging es genauso. An einen Wandertag nach Herrnhut erinnere ich mich ganz besonders. Es ging sehr früh los. Treffpunkt war in der Schule. Von dort wanderten wir das Dorf hinauf und dann durch den großen Wald nach Großhennersdorf und weiter bis nach Herrnhut. Auf dem Weg wurden Lieder gesungen, immer wieder gerastet und kleine Spiele gespielt. Dazu brauchten wir keine Spielsachen. Eicheln, Kastanien, Tannenzapfen und kleine Holzstückchen, alles wunderbares Spielmaterial der Natur und im Überfluss vorhanden.

Wandern machte hungrig. Eine kleine Waldlichtung schien unseren Lehrern der geeignete Rastplatz. Wir holten unsere Wurstschnitten aus der Brotbüchse, dazu einen Apfel oder eine Birne. Es schmeckte wunderbar. Gestärkt kamen wir in Herrnhut an und besuchten das Völkerkundemuseum, wo wir einiges über Indianer und Eskimos lernten. Am Nachmittag ging es mit dem Zug zurück nach Zittau und von dort zu Fuß über den Sandweg nach Wittgendorf. Das war dann nicht mehr so lustig. Wir waren geschafft, aber glücklich, als wir spät am Abend wieder in Wittgendorf ankamen.

Unsere Klassenfahrt zum Schulabschluss nach acht Schuljahren führte vierzehn Tage nach Prerow an die Ostsee. Die Fahrt kostete fünfunddreißig Mark. Das war damals sehr viel Geld, das wir sicher nicht gehabt hätten. Zum Glück gab es für kinderreiche Familien eine Unterstützung, so dass ich nur fünf Mark zu bezahlen brauchte. Ich war vorher noch nie an der See gewesen und war sehr gespannt. Mutter hatte mir vor der Abfahrt erzählt, dass unser Vater als junger Bursche auf der Wanderschaft auch ein paar Monate an der Ostsee war. Der Blick hinaus auf das scheinbar unendliche Wasser faszinierte Vater damals sehr. Und genau so ging es auch mir.

Große Ausflüge mit der ganzen Familie gab es nicht so viele. Tradition hatte der alljährliche Pfingstausflug. Dann marschierten wir alle, auch unsere Großmutter, entweder auf den Großhennersdorfer Berg oder nach Radgendorf in die Dorfgaststätte ‚Stiller Fritz'. Am Ziel gab es als Belohnung eine kühle Limonade.

Die Kindervorstellungen im Zittauer Stadttheater waren sehr beliebt und für uns etwas Besonderes. Wir haben damals nicht gewusst, wie hart Mutter für solche Höhepunkte unserer Kindheit das ganze Jahr sparen musste. Gern erinnere ich mich an das Weihnachtsmärchen ‚Peterchens Mondfahrt'. Tante Erna, die in Zittau wohnte, hatte uns die Karten besorgt. Wie so oft im Dezember lag auch in jenem Jahr viel Schnee, so dass wir mit dem Schlitten über den Sandweg ins Theater fuhren. Was waren das für Zeiten.

Nach der Schulzeit hatte ich großes Glück bei der Suche nach einer Lehrstelle. Ich wollte Schneiderin werden, aber es gab nur wenige Schneidermeister, die wirklich Lehrlinge suchten. So habe ich es meiner Nachbarin Gisela zu verdanken, dass mich Meister Püschel in Zittau in der Albertstraße einstellte. Ich erlernte das Handwerk einer Herrenmaßschneiderin.

‚Lehrjahre sind keine Herrenjahre.' Meine erste Aufgabe jeden Morgen war das Füllen der Spulen für die Nähmaschinen. Am Samstag war dann die Reinigung der Maschinen die letzte Arbeit vor dem Wochenende. Zum Feierabend musste die Werkstatt gekehrt und die Ordnung der vielen Schachteln und Kleinteile wiederhergestellt werden. Es kam auch vor, dass ich für den Meister oder einen Gesellen kleine Besorgungen in der Stadt zu erledigen hatte.

Das Erlernen des Schneiderhandwerks mit seinen vielen Facetten hatte Spaß gemacht, besonders das Nähen von Kostümen, Mänteln und Anzügen. Auch wenn das abschließende Bügeln eine anstrengende Arbeit war. Das Bügeleisen mit der Eisenplatte war ziemlich schwer und manchmal wurde bis zu zwei Stunden hintereinander gebügelt.

Als ich in der Schneiderei ein wenig bewandert war, gab es auch für die Geschwister und die Mutter genug zu tun. Da wir nur eine alte Nähmaschine hatten, durfte ich für die guten Sachen Gertrud Schnitters Maschine benutzen.

Nach meinem siebzehnten Geburtstag war ich mit den Freundinnen zum ersten Mal zum Tanz. In Wittgendorf gab es keinen

Tanzsaal. Wir gingen meist nach Drausendorf in die "Krone", hin und wieder auch nach Schlegel in die "Eiche". Auf dem langen Nachhauseweg haben wir gesungen und gescherzt und manchmal nach einem schönen Abend weiter getanzt. Viel Geld hatten wir nicht. Etwas zu essen nahmen wir von zu Hause mit. So reichte es gerade mal für den Eintritt und ein großes Glas Malzbier. Meine Enkel konnten in den späteren Erzählungen nie verstehen, wie ein Malzbier den ganzen Abend reichen konnte. Aber so war es eben damals in den fünfziger Jahren.

Nicht auf der Tanzfläche, sondern bei anderen Gelegenheiten im Dorf, freundete ich mich mit einem Jungen aus dem Niederdorf an. Als er mit seinem blank geputzten Motorrad (BK 350) auf Schnitters Hof gefahren kam, war nicht nur ich beeindruckt.

Nach der Hochzeit zogen wir mit zwei Kindern in eine eigene Wohnung im Mitteldorf. Die Arbeit im Kraftwerk ließ uns ein Jahr später endgültig nach Hagenwerder umziehen, wo ich die Schneiderelle gegen Karteikarten in der Buchhaltung eintauschte. Die Schneiderei blieb mir als Nebenjob für die größer werdende eigene Familie erhalten.

Nachwort

Jeder Mensch lebt sein eigenes Leben. Jeder Mensch sucht in den verschiedenen Lebensphasen den Sinn seines Daseins auf Erden.

Jeder Mensch hat Wünsche und Träume, wie er sein Leben verbringen will und was er gern erreichen möchte. Manche Träume werden Wirklichkeit, andere werden nie ausgesprochen oder versickern im Alltagstrubel.

Jeder Mensch hat sein Schicksal, das scheinbar sein Leben beeinflusst. Das Tempo und die Richtung aber bestimmt jeder selbst. Und doch gibt es immer wieder Ereignisse, die vom Einzelnen nicht beeinflussbar sind. Schicksalsschläge wie Krankheit oder Tod gehören ebenso dazu wie Glücksmomente bei der Geburt eines Kindes.

Das Entscheidende aber ist, wie der Mensch damit umgeht. Wie er die freudigen wie auch die traurigen Momente im Leben annimmt und diese in sein weiteres Leben integriert. So sicher wie die Zeit niemals stehen bleibt, so wird auch das Leben weitergehen und immer wieder neue Aufgaben bereithalten.

Als Liesbeth Kretschmer im Jahr 1909 in Dornhennersdorf geboren wurde, regierte im Deutschen Reich noch Kaiser Wilhelm II. Als sie fünf Jahre alt war, spitzte sich der Konflikt um Macht und Vorherrschaft in Europa zu. Der erste Weltkrieg nahm Liesbeth bereits in den ersten Monaten des Krieges den Vater. Auf die Frage „Wann kommt der Papa wieder nach Hause?" musste ihr die Mutter eines Tages die bittere Wahrheit sagen: „Nie mehr." Liesbeth musste ohne Vater aufwachsen. Es entstand ein enges Verhältnis des Vertrauens und der gegenseitigen Hilfe zu ihrer Mutter Hulda, das immer wieder auf die Probe gestellt wurde und letztlich ein Leben lang hielt. Liesbeth fand in Johann Jakob aus dem Niederdorf den Mann fürs Leben. Das Glück war auf ihrer Seite, als sie 1931 heirateten. Johann hatte als

Korbmacher ein gutes Auskommen, um eine Familie zu ernähren und beide konnten in das Haus seiner Eltern ziehen. Es folgten wenige Jahre glücklichen Familienlebens, in denen ihre sieben Kinder geboren wurden.

Und wieder war es der Krieg, der in das Leben von Liesbeth eingriff und ihr Schicksal bestimmte. Der zweite Weltkrieg sollte dem deutschen Volk mehr Raum und die Weltherrschaft bringen. Gebracht hat er unsägliches Leid und Trauer in fast jeder Familie.

Genau wie vor dreißig Jahren der Vater, kehrte auch ihr Mann Johann nicht aus dem Krieg zurück. Wieder stand Liesbeth mit der Mutter allein da. Aber diesmal hatte sie nicht nur die Verantwortung für ihr eigenes Leben, sondern auch für die Zukunft der gemeinsamen sieben Kinder. Der jüngste Sohn war nicht einmal zwei Jahre alt, als die Familie den Vater zum letzten Mal sah.

Nach Kriegsende gab es noch Hoffnung. Die Hoffnung auf eine glückliche Fügung des Schicksals, auf die Rückkehr des Vaters aus der Gefangenschaft. Die gefürchtete Todesnachricht per Post blieb aus. Bis heute weiß niemand genau, wo Johann Jakob sein Leben lassen musste.

Mitten hinein in das Warten auf die Rückkehr ihres Mannes kam der Befehl zur Ausweisung. Die Vertreibung aus der Heimat, aus Seitendorf, aus dem eigenen Haus. Hab und Gut mussten zurückgelassen werden. Aus der nach Kriegsende langsam beginnenden Normalisierung des Lebens wurde über Nacht ein Neuanfang. Mittellos in einem fremden Dorf und auf die Gnade und großherzige Hilfe fremder Menschen angewiesen.

Schicksalsschläge gehören zum Leben. Das Entscheidende ist, wie der Mensch damit umgeht. Niemand weiß, was in diesen schwierigen Tagen des Jahres 1945 in den Gedanken von Liesbeth Jakob vor sich ging.

Sie hat auch später selten über diese schreckliche Zeit gesprochen. Sie hatte ihr Schicksal angenommen.

Liesbeth konnte sich auf ihre Mutter und die älteste Tochter verlassen. Vor allem aber hat sie sich auf Gott verlassen. Nur Gott kennt die Wahrheit. Er allein weiß, warum die Dinge im Leben der Menschen so geschehen, wie sie geschehen.

Gott stellt die Menschen im irdischen Leben manchmal vor harte Prüfungen. Aber er weist ihnen auch den Weg, diese Prüfungen zu bestehen. Und er hilft ihnen, das Geschehene zu verarbeiten und wieder Hoffnung und Kraft zu spüren.

Sicher hat sich Liesbeth immer wieder gefragt, warum sie das Schicksal so hart gestraft hat. Niemand konnte ihr diese Frage jemals beantworten. Ihr Gottvertrauen hat ihr geholfen, die schweren Zeiten im Leben zu überstehen.

Auf der Flucht fand sie für ihre große Familie auf einem Bauernhof in Wittgendorf eine neue Bleibe. Die unermüdliche Arbeit in der Landwirtschaft sorgte für ein Auskommen, das die grundlegenden Bedürfnisse abdeckte. Gemeinsam mit ihrer Mutter kümmerte sich Liesbeth liebevoll um die heranwachsenden Kinder. Alle fanden ihren Weg ins Leben.

Mit sechsundfünfzig Jahren kaufte sie sich wieder ein eigenes Häuschen mit einem Garten direkt am Dorfbach, fast genau so, wie sie es zwanzig Jahre zuvor in Seitendorf verlassen musste. Gerade noch rechtzeitig, um die bereits zahlreichen Enkelkinder in den Ferien zu verwöhnen.

Am Ostersonnabend des Jahres 1979 besuchten Kinder und Enkel aus der näheren Umgebung Liesbeth Jakob in Wittgendorf. Ostersonntag unternahm sie mit ihrem Sohn Horst und deren Familie einen Ausflug zum Saatreiten nach Ostritz. In der Nacht zum Ostermontag ist sie für alle überraschend nach einem entbehrungsreichen Leben in ihrem Haus friedlich eingeschlafen.